I0705444

El regreso del Plan Cóndor: crónica del injerencismo imperialista en América Latina durante el siglo XXI

Héctor Gabriel Legorreta Cantera

El regreso del Plan Cóndor: crónica del injerencismo imperialista en América Latina durante el siglo XXI

Héctor Gabriel Legorreta Cantera

xhglc
Publicaciones Editoriales

El regreso del Plan Cóndor: crónica del injerencismo imperialista en América Latina durante el siglo XXI

Héctor Gabriel Legorreta Cantera

Edición de tapa blanda
Primera Edición, México: Septiembre de 2024
ISBN: 9798337731827

XHGLC
http://www.xhglc.org.mx/
libros@xhglc.org.mx

Contenido

Prólogo a la primera edición (2024)

El Plan Cóndor se institucionalizó en 1975, en el marco de la Guerra Fría, con el fin de combatir la supuesta amenaza comunista en América Latina, teniendo como precedente la Escuela de las Américas fundada en 1946 en Panamá[1], y fue un acuerdo secreto entre las dictaduras militares de Argentina, Bolivia, Brasil, Chile, Paraguay y Uruguay durante la década de 1970 y principios de la de 1980, con el objetivo de coordinar esfuerzos y compartir información para eliminar a las organizaciones de izquierda y a los opositores políticos en la región.

La CIA (Agencia Central de Inteligencia) de Estados Unidos jugó un papel relevante en la ejecución del Plan Cóndor en América Latina, proporcionando apoyo y asesoramiento a las dictaduras militares de la región.

Es importante destacar que la participación de la CIA en el Plan Cóndor fue un reflejo de la política exterior de Estados Unidos durante la Guerra Fría, que buscaba combatir la influencia comunista en América Latina. Sin embargo, su papel en el Plan

---

[1] Para efectos de este libro, consideraremos al Plan Cóndor como toda la política injerencista que realizó el Gobierno de Estados Unidos en América Latina a partir de la creación de la Escuela de las Américas en 1946, en la cual adiestraban en doctrinas de contrainsurgencia militar latinoamericana, así como en inculcar una ideología anticomunista. Varios de sus antiguos alumnos organizaron escuadrones de la muerte, golpes de estado o estuvieron implicados en diversas violaciones de derechos humanos. Durante toda su historia, se graduaron más de 60 mil militares y policías de hasta 23 países de América Latina, algunos de ellos de especial relevancia futura por crímenes de lesa humanidad, como Leopoldo Fortunato Galtieri, Manuel Antonio Noriega, Manuel Contreras y Vladimiro Montesinos (N. del Autor).

Cóndor ha sido ampliamente criticado por su implicación en violaciones a los derechos humanos y crímenes de lesa humanidad, pues el Plan Cóndor incluyó varias estrategias y métodos para lograr sus objetivos, como:

- La creación de un sistema de inteligencia compartido para recopilar información sobre los opositores políticos;

- La coordinación de operaciones de seguridad para detener, torturar y asesinar a los opositores; y

- La utilización de la desaparición forzada de personas como método para eliminar a los opositores sin dejar rastro.

Por su parte, algunos de los aspectos más destacados de la participación de la CIA en el Plan Cóndor fueron:

- **Asesoramiento y capacitación:** La CIA brindó asesoramiento y capacitación a las agencias de inteligencia de los países involucrados en el Plan Cóndor, mejorando sus capacidades para recopilar información y llevar a cabo operaciones de seguridad;

- **Compartir información:** La CIA compartió información de inteligencia con los países involucrados, ayudando a identificar y localizar a los opositores políticos y a los grupos de izquierda;

- **Ayuda financiera:** La CIA proporcionó ayuda financiera a las dictaduras militares para apoyar sus esfuerzos de represión;

- **Apoyo logístico:** La CIA brindó apoyo logístico, como suministros y equipo, a las operaciones de las dictaduras militares;

- **Participación en operaciones:** En algunos casos, la CIA participó directamente en operaciones de seguridad, como la desaparición forzada de personas y asesinatos; y

- **Cubrimiento y encubrimiento:** La CIA ayudó a cubrir y encubrir las actividades del Plan Cóndor, negando cualquier participación o conocimiento de las violaciones a los derechos humanos cometidas.

El Plan Cóndor tuvo consecuencias devastadoras para la región. Se estima que entre 1975 y 1985, más de 50,000 personas fueron asesinadas, desaparecidas o torturadas en el marco del plan. Además, el plan contribuyó a la instalación de una cultura de miedo y represión en la región.

En las últimas décadas, se han realizado juicios y condenas contra los responsables del Plan Cóndor en varios países de la región. Sin embargo, muchos de los responsables siguen sin ser juzgados o condenados. El Plan Cóndor es considerado uno de los capítulos más oscuros de la historia de América Latina. Su legado es un recordatorio de la importancia de proteger los derechos humanos y de prevenir la represión política.

Sin embargo, tras la aplicación del Plan Cóndor en la segunda mitad del siglo XX, por parte del Gobierno de Estados Unidos y de la CIA, su brazo operativo, en contra de toda forma de comunismo en el continente (en el poder o en la guerrilla), que culminó con el golpe de Estado en contra de Salvador Allende en 1973, existe una reimplementación de dicho plan por parte del gobierno de Estados Unidos, tras el triunfo de los gobiernos progresistas en la región, a principios del siglo XXI.

Este libro, *El regreso del Plan Cóndor: Crónica del injerencismo imperialista en América Latina durante el Siglo XXI*, es una compilación de textos que realicé sobre las diversas insurrecciones que hubo en América Latina de 2010 a 2024, en contra de los gobiernos progresistas en la región, todas motivadas por la derecha, financiada desde el exterior, y teniendo como principal artífice al gobierno estadounidense.

Además de que, propiamente, existe una evolución en la sintaxis y redacción de los textos, podemos apreciar varios aspectos, como el hecho de que tales contenidos fueron realizados en tiempo real, es decir, en cuanto iban sucediendo los acontecimientos descritos, lo cual nos permite tener acceso a detalles o circunstancias que pudieran haberse diluido en el tiempo.

Además, nos permite apreciar también cómo los procesos sociales van evolucionando a lo largo del tiempo, a veces de forma muy rápida, y en otras de forma muy muy lenta, pero al final, es precisamente esa dinámica social la que nos permite ver estos textos temporales, y al final, a la distancia, es posible ver el resultado del conjunto de ellos.

Los textos que he escrito sobre los gobiernos progresistas en América Latina, y que básicamente se refieren a algunos países en concreto: Argentina, Bolivia, Brasil, Chile, Ecuador, Perú, Venezuela, y México, y aunque fueron escritos en momentos distintos, se van entrelazando entre cada uno de ellos a lo largo del tiempo, por lo que existe una continuidad involuntaria producto de la secuencia de acontecimientos descritos en ellos.

Los textos comienzan en el contexto del golpe de Estado contra Manuel Zelaya, en Honduras, y el intento de golpe de Estado en contra de Rafael Correa, en Ecuador, ambos en 2010, pero además podemos apreciar procesos como la transición en Venezuela con la muerte de Hugo Chávez, y la reconfiguración de la Revolución Bolivariana con Nicolás Maduro al frente; los acontecimientos previos al golpe de Estado en contra de Dilma Rousseff en Brasil, y la posterior toma del poder por parte de la ultraderecha en la nación carioca; el golpe de Estado en contra de Evo Morales en Bolivia en 2019; y culminan con la embestida en contra del obradorismo en México de 2019 a 2024.

Al final, en el epílogo, se hace un balance de la situación actual (septiembre 2024) en América Latina, en la cual existe una confrontación abierta en contra de los gobiernos progresistas de la región, y que sin duda confirman la aplicación de un plan siniestro para desplazar a los gobiernos legítimamente electos en los países, en pro de los intereses económicos estadounidenses, principalmente de las corporaciones trasnacionales.

La fecha de lanzamiento de este libro tampoco es casualidad. Es publicado el 11 de septiembre de 2024, fecha en la que se conmemora el golpe de Estado en contra de Salvador Allende, que fue el clímax de la aplicación de la primera etapa Plan Cóndor en América Latina. Es un homenaje a todos los compañeros caídos por el injerencismo imperialista en los diversos países de América Latina, y que es necesario recordar para refrescar la memoria.

Esperemos que este libro sirva para ese propósito.

Prohibido olvidar.

Héctor Gabriel Legorreta Cantera
Septiembre 02, 2024.

El regreso del Plan Cóndor: crónica del injerencismo imperialista en América Latina durante el siglo XXI

Héctor Gabriel Legorreta Cantera

El regreso del Plan Cóndor: crónica del injerencismo imperialista en América Latina durante el siglo XXI

Héctor Gabriel Legorreta Cantera

Ecuador, centro del mundo

Publicado el 03 de octubre de 2010

De acuerdo con lo que recuerdo que me enseñaron en la primaria, que luego fue reforzado por mis clases de Geografía en la secundaria, Ecuador es una línea imaginaria que atraviesa transversalmente la Tierra por su centro. Esta línea, así mismo, define dos de los extremos del mundo: el hemisferio norte y el sur, y define los 0º de los paralelos.

Ecuador no sólo es una línea imaginaria. Es también un país independiente desde 1830, que se encuentra ubicado en Sudamérica. Gobernado por la Izquierda, encabezada por Rafael Correa, Presidente Constitucional desde 2007. Y también, víctima de las oligarquías locales, las cuales perpetraron un intento fallido de Golpe de Estado, tras la reforma laboral de Correa.

¿Qué contiene esa reforma? Pago de tiempo extra reglamentario, prestaciones… todo lo que la Ley Lozano (antes Ley Abascal) quiere derogar en México. Y esa reforma, la cual afectaba a muchos sectores de la derecha, hizo que el sector empresarial, con gran apoyo del expresidente Lucio Gutiérrez, quien por cierto, ya había encabezado un golpe de estado antes, en el año 2000, en contra de Jamil Mahuad, utilizaran a la policía mintiéndoles para concretar sus objetivos.

A diferencia de lo expresado por el duopolio Televisa-Azteca, así como de las grandes televisoras extranjeras como CNN, y a diferencia de muchos golpes de Estado anteriores en Ecuador, la gente salió a las calles, el Vicepresidente, el Congreso, y las Fuerzas Armadas le declararon su lealtad al Presidente, lo cual se convirtió en un gran aliciente para sofocarlo. Fue impresionante cómo la gente se reunió y se movilizó para rescatar a su Presidente, el cual estuvo 10 horas secuestrado en un hospital, debido a una lesión hecha por los policías en sus rodillas, por lo cual tuvo que ser operado de inmediato. También fue impresionante ver cómo las fuerzas armadas de Ecuador eran atacadas por la policía, pues mientras el Ejército traía "salvas", la policía arremetía por igual a disparos en contra de ejército y sociedad.

Sin embargo, el golpe de estado no se concretó. Pero la lección que nos deja es que estos ejercicios por parte de la derecha no acabarán aquí. Tenemos una gran cantidad de experiencias en América Latina en éste sentido, la misma historia de siempre, siendo los más recordados el de Pinochet a Salvador Allende en 1971; el realizado por las cámaras empresariales, las televisoras y los partidos de derecha en contra de Hugo Chávez; los intentos desestabilizadores en Bolivia, de igual forma, por las cámaras empresariales en contra de Evo Morales; o el último anterior al de

Correa, el realizado en Honduras por Micheletti en contra de Manuel Zelaya.

Pese a que se está reestableciendo el orden en Ecuador, no debe uno confiarse. Los intentos desestabilizadores en contra de gobiernos de Izquierda en América Latina ha sido una constante. Y si no es Ecuador, mañana será Brasil, o Argentina, o cualquier país donde haya fuerzas progresistas empujando una alternativa real a las imperantes.

Las tendencias autoritaristas

Publicado el 06 de agosto de 2011

Durante muchas décadas del siglo pasado, vivimos dictaduras militares en América Latina, algunas de las cuales se presentaron desde los años 30's, siendo su auge durante los 60's y 70's. Así pues, tuvimos casos terribles como las dictaduras de Brasil, Argentina, Guatemala, o el caso Pinochet, en Chile, que derrocó al primer presidente Socialista en llegar al poder por la vía de las urnas, no de la Revolución: Salvador Allende.

Todo esto terminó, en teoría, en la década de los 80's, cuando se instauraron regímenes democráticos en América Latina, que sentaron las bases para el desarrollo que hoy estamos apreciando en muchos países del continente.

Esta idea de la democratización no es otra cosa que el modelo político occidental aplicado, patentado y expandido por el mundo por Estados Unidos y Europa, ya sea por la vía pacífica, o bien por la fuerza, como observamos en el caso de Libia, sin menoscabar otros ejemplos aplicables, con Irak. Sin embargo, el "régimen político perfecto", como nos lo han querido vender, donde la mayoría impone su voluntad sobre las minorías y las asfixia, tiene serias deficiencias, algunas de las cuales están saliendo a relucir.

Éste "régimen perfecto" no es otra cosa que una máscara para que las oligarquías locales dominen y mal gobiernen a la mayoría de la población. Las decisiones las toman un puñado de personas, le dicen al títere en turno lo que tiene qué hacer (por supuesto, "democráticamente" electo, de una decena de opciones que responden, en su mayoría, a los mismos intereses), y que actúa en consecuencia. Por supuesto que el sistema económico juega un papel importante, puesto que no pueden existir oligarquías sin capitalismo. Es una relación simbiótica.

Sin embargo, este régimen que lo definiré como dictadura oligárquica democrática, genera una distribución inequitativa de la riqueza, malestar en la población, lucha de clases, polarización de todo tipo, etc. En algún punto, la olla exprés revienta, y entonces se generan protestas, marchas, disturbios, revoluciones, en ese orden.

Sin embargo, esta dictadura oligárquica democrática cuenta con un gran poder intermedio entre ellos y la población: los medios de comunicación y, en particular, la televisión, que en todos los países abarca una gran cantidad de atención de la población, la cual es utilizada para distraer, manipular y mentir sobre el estado actual de las cosas. Este escenario fue el que se presentó durante todo el Siglo XX, y fue el ideal para estas dictaduras oligárquicas democráticas. Sin embargo, llegó el Siglo XXI y, con el nuevo siglo, nuevas tecnologías.

A pesar de que Internet existe desde mediados del siglo XX, su popularidad y masificación llegó con el Siglo XXI. Con la aparición de la Web 2.0, llegaron Facebook y Twitter, entre otras plataformas, además de los sitios de noticias realizados por

Prosumers. Aunque estas plataformas fueron desarrolladas con fines de entretenimiento y banales, poco a poco comenzaron a ser enfocadas a lo social y, de ahí, a lo político. Comenzaron a haber debates en estas redes sobre diversos temas de interés general y, cuando los usuarios se dieron cuenta que más de uno compartía sus inconformidades, se organizaron y salieron a las calles a protestar.

Así, en México se consiguió evitar el impuesto del 3% que el Senado quería aplicar para 2010, o también se consiguió la restitución de Aristegui en MVS Radio; Obama ganó una elección por el repudio a Bush; en Egipto, se derrocó al dictador Mubarak; en España, se creó el movimiento M-15, conocido como los "indignados"; y en Chile los estudiantes se organizaron (y lo siguen haciendo) contra la privatización de la educación por el presidente derechista Piñera.

Sin embargo, esta organización social ha traído también una reacción por parte de las oligarquías, que están dispuestas a mantener su poder y privilegios a toda costa. Así, ha habido represiones, mano dura, toques de queda, militarización, y hasta fraudes electorales, lo que marca una tendencia claramente autoritaria.

Tenemos elementos que pueden parecer aislados, pero que si los analizamos y los contextualizamos, marcan una tendencia (primero señalaré el acontecimiento origen, y después la repercusión):

- 2001: Ataque al WTC, New York: endurecimiento de la política interna de USA contra sus propios ciudadanos;

- 2002: Invasión de Afganistán: imposición de un régimen político de USA a los afganos, militarización;

- 2002: Golpe de estado frustrado a Hugo Chávez, en Venezuela: asume presidente de FEDECÁMARAS la presidencia por dos días;

- 2003: Invasión de Irak: imposición de otro régimen político de USA a los iraquíes, militarización;

- 2006: Fraude Electoral contra AMLO, en México: imposición de Calderón como Presidente de México, militarización

- 2008: Intentona de separatismo de varias provincias en Bolivia, liderada por la derecha y las cámaras empresariales;

- 2010: Intentona de Golpe de Estado a Rafael Correa, en Ecuador;

- 2011: Caída de Hosni Mubarak en Egipto por las protestas ciudadanas: instauración de junta militar;

- 2011: Creación del M-15, movimiento de indignados en España: represión contra los movilizados por el "izquierdista" Zapatero;

- 2011: Movimiento estudiantil en Chile contra la privatización de la educación pública: represión contra los movilizados por el derechista Piñera.

En este ejercicio sólo consideré los hechos significativos (y de los que vinieron a mi memoria), pero sin duda, hablamos, por una parte, de fraudes electorales, invasiones, golpe de estado por parte de las oligarquías y, por otra parte, de represión y militarizaciones.

Esto marca, sin duda, una tendencia al autoritarismo legitimada por las urnas. Es decir, primero votamos por el títere en turno, y ya que observamos que sólo responde a los intereses de la oligarquía y no de los electores, salimos, nos inconformamos, nos reprimen, y no podemos de ir nada, puesto que nosotros le dimos el poder para reprimirnos por la vía de las urnas, además que cuentan con los mecanismos propagandísticos para hacer creer a buena parte de la población que la represión es correcta y justificada, sin explicar las razones de fondo.

Lo cierto es que existe una tendencia generalizada a generar regímenes autoritarios, donde en algunos casos ya no se persigue a la oposición, sino se le descalifica y estigmatiza, mientras en otros casos se vuelve a hacer uso del primitivo recurso de la macana para aplacar el descontento social. Esta tendencia no es de a gratis: está más que demostrado que el neoliberalismo fracasó, puesto que hay más pobreza y una distribución inequitativa de la riqueza, pero por otra parte, las oligarquías están dispuestas a defenderlo, si es necesario, derramando sangre, pues sus privilegios dependen en gran medida de esta fallida política económica, y no están dispuestos a renunciar a ellos ante nada.

En este sentido, habría que valorar el impulsar propuestas como el plebiscito, el referéndum y la revocación del mandato, que podrían dar un equilibrio a estas tendencias autoritarias que, de no ser detenidas ahora, cargaremos ese lastre por varias generaciones, hasta que un acontecimiento tal como la Toma de la Bastilla, en 1789, cambie el curso de la Historia de una vez y para siempre.

La peligrosa y creciente tendencia al unipolismo político

Publicado el 26 de agosto de 2012

Hace dos semanas Julian Assange, creador de *WikiLeaks*, pidió asilo político a Ecuador, debido a un cuestionable cargo de abuso sexual con el cual Gran Bretaña extraditaría a Suecia al periodista que, en una triquiñuela, presumiblemente sería trasladado de inmediato a USA, donde sería enjuiciado por publicar documentos secretos de dicho país e, incluso, ser sentenciado a muerte.

Así, en lo que López Obrador definiría como *el mundo al revés*, los delincuentes enjuiciarían a las víctimas, dado que el único crimen que ha cometido Assange es mostrar la hipocresía de las relaciones internacionales de países como USA y la OTAN, así como desnudar las mentiras de los grupos de interés estadounidenses, que en complicidad con el Gobierno de USA cometen atrocidades sin sentido como las invasiones de Afganistán, Irak y Libia.

Esto no es una novedad. Cada vez, y con mayor frecuencia y peligrosidad, nos encontramos con gobiernos de "Izquierda" y "derecha" que aplican las mismas políticas públicas, defienden el mismo modelo económico, y resultan igual de perniciosos para la sociedad, dificultando en muchas de las ocasiones la diferenciación entre ellos, creando algo que he denominado el *unipolismo político*.

¿Qué es el *unipolismo político*? Desde mi perspectiva, es un punto de convergencia en la ideología, o en la política aplicada, donde los gobernantes emanados de "Izquierda", centro o derecha en las cada vez más decadentes "democracias", no se diferencian entre sí debido al tipo de políticas y programas aplicados con la sociedad gobernada, y terminan siendo lo mismo. Mencionaré algunos ejemplos, para clarificar esto.

Un ejemplo de unipolismo político es George Bush, cuyos orígenes tiene a la ultraderecha conservadora de USA, las empresas petroleras estadounidenses, y la industria armamentista detrás, contra un Barack Obama, primer presidente negro de USA, y cuyos orígenes son las minorías raciales y la clase trabajadora de USA. Sin embargo, a la hora de calificar cuestiones como política exterior, belicosidad, trato a los migrantes, y política económica no se diferencian uno del otro. La política exterior de ambos era injerencista (y ampliamente favorable a Israel, por cierto); la belicosidad es idéntica (Bush invadió Irak y Afganistán, y Obama invadió Libia, y amenaza con invadir Siria e Irán); el trato a los inmigrantes, sobre todo a los hispanos, en ambos gobiernos ha sido terrible; y la política económica sigue surgiendo (y cada vez con mayor agresividad) dirigida por Wall Street, las trasnacionales y el FMI. De la misma forma, podemos equiparar un José Luis Rodríguez Zapatero con un Mariano Rajoy, o en el caso mexicano el neoliberalismo de Marcelo Ebrard con el de Enrique Peña Nieto.

Ya antes, en textos como *Los dueños de la Historia* he hablado de cómo se manipula la Historia para justificar las atrocidades de las grandes potencias coloniales, y de cómo estamos viviendo un colonialismo equiparable al de las potencias europeas de los siglos XVI y XVII.

¿Cuál es el punto central de este análisis? Destacar que, salvo casos excepcionales, las ofertas políticas, bajo ciertos matices, vienen representando y terminando en lo mismo; los sistemas políticos "democráticos" son evidenciados cada vez más al mostrar que no son una democracia, sino estados oligárquicos autoritarios (y, en algunos casos, totalitarios) que, bajo la premisa de una democracia inexistente, organizan elecciones para legitimar el encumbramiento al poder de un gobernante (no importando el origen, pero predominantemente surgido de la clase dominante) que seguirá reproduciendo el orden y sistema imperante y predominante; y que el unipolismo político se impone cada vez con mayor peligrosidad, agresividad, fuerza y descaro en un intento de controlar todo (recursos naturales, humanos y materiales) y con ayuda de los medios de comunicación masivos (televisión, radio, periódicos; de ahí el interés de controlar el internet por medio de leyes como el ACTA), ya sea por la vía voluntaria (aceptación de gobernantes impuestos por medio de elecciones manipuladas y controladas), o por la vía forzada (militarizaciones, toques de queda, golpes de estado, invasiones).

Así, la cada vez mayor tendencia al unipolismo político amenaza regímenes que, pese a ser imperfectos, se goza con una mayor cantidad de libertad de expresión, de acción, y de participación, como lo es gobiernos donde la verdadera Izquierda gobierna, como lo es el caso de los gobiernos latinoamericanos, como los casos de Venezuela, Ecuador, Perú, Bolivia, Brasil o Argentina, y es por eso que las grandes potencias amenazan a éstos gobiernos, que de una u otra forma no se ajustan a las políticas unilaterales globales, y que muestran que aún existe esperanza en éste mundo cada vez más uniforme y controlado.

Es por eso, tal vez, que Julian Assange escogió Ecuador para refugiarse ante el embate furioso de los gobiernos estadounidense y británico que, dicho sea de paso, sólo responden al interés supremo del imperialismo político, económico y social que ellos mismos controlan.

Sin duda, votaría por Chávez
Publicado el 04 de octubre de 2012

El próximo domingo se llevarán a cabo las elecciones presidenciales en Venezuela. Y lo cierto también es que (al igual que en México) se elegirá entre dos proyectos distintos y contrapuestos.

El primero de ellos es el encabezado por el Comandante Hugo Chávez Frías, candidato del Partido Socialista Unido de Venezuela (PSUV), quien ha sido electo en dos ocasiones (y ratificado en una) y ha gobernado esa nación durante 13 años. Llegó al poder en 1999 debido al fracaso de las políticas neoliberales que habían hundido a Venezuela y que habían convertido a dicho país en un mar de disparidad e inequidad económica, política y social.

Chávez llegó al poder por la vía de las urnas, después de un fallido Golpe de Estado comandado por él en 1992, y cuya fuerza popular le permitió ser liberado, ser candidato y ganar la Presidencia de la República. Al instante de asumir el poder, convocó a un nuevo constituyente, el cual creó una nueva Carta Magna, y fue aprobada en el año 2000, después de lo cual Chávez volvió a competir (ya con la nueva Constitución) y fue ratificado en el poder. Así, debido a las políticas públicas que comenzó a aplicar, en el 2002 se orquestó un golpe de estado en su contra, apoyado por FEDECÁMARAS (el equivalente al Consejo Coordinador Empresarial en México), Radio Caracas Televisión (RCTV) [el equivalente de

Televisa], Globovisión, Venevisión, así como por las embajadas y gobiernos españoles y norteamericanos.

Sin embargo, dicho golpe falló, en gran medida porque el pueblo venezolano se volcó a las calles a defender a su gobernante, y a exigir que se le devolviera el poder. Así, Chávez libró su prueba de fuego (la más importante que ha tenido) y se consolidó como gobernante en Venezuela.

Después, los avances que comenzó a tener Venezuela en materia de salud, educación, bienestar, poder adquisitivo, acceso a la tecnología y a la información, servicios públicos, infraestructura, y demás rubros fueron impresionantes. Expulsó a las compañías petroleras estadounidenses, las cuales ganaban el 75% de la renta petrolera y no pagaban impuestos, en beneficio de los venezolanos y de su propio desarrollo. Así mismo, nacionalizó las empresas cementeras en Venezuela, las cuales (en su gran mayoría) eran propiedad de las trasnacional CEMEX, la cual hacía prácticas abusivas, sacaba más de la mitad del concreto producido en Venezuela hacia otros países, y el que se quedaba en dicho país se lo vendían al gobierno 2, o hasta 3 veces más caro del valor en el mercado.

Para dar otra muestra: actualmente, el salario mínimo en Venezuela es de USD $476.17, mientras que en México es de apenas USD $146.40 mensuales (y con la contrarreforma laboral recientemente aprobada, bajará aún más). Otro ejemplo: mientras que en México se aprobó una reforma laboral para beneficiar al empresario, en Venezuela también fue aprobada una reforma laboral que le da más beneficios al trabajador.

Así, en 13 años, Chávez ha transformado a Venezuela no sólo cambiando el modelo económico de neoliberal a lo que se ha denominado *Socialismo del Siglo XXI*, sino que éste ha impactado en el nivel de vida del venezolano aumentando considerablemente el tamaño de la clase media en dicho país, y disminuyendo la línea de pobreza (mientras en 2002 el 48.6% de la población venezolana se encontraba en la línea de pobreza, 31.2% tenía sus necesidades básicas insatisfechas, y 20.2% estaba en pobreza crónica, éstos índices descendieron en el 2008 al 27.5%, 23.4% y 11.8% respectivamente, es decir, en 6 años [**Fuente:** Política Social, Desarrollo y Pobreza en Venezuela, Caracciolo Viloria, Instituto Latinoamericano de Investigaciones Sociales (ILDIS) Oficina en Venezuela de la Fundación Friedrich Ebert, http://library.fes.de/pdf-files/bueros/caracas/08763.pdf]).

El otro proyecto que se presenta en Venezuela es el encabezado por Henrique Capriles, candidato de la Mesa de Unidad Democrática, coalición conformada por partidos de diversos matices, principalmente centristas y derechistas. El proyecto de Capriles es uno: el retorno del neoliberalismo a Venezuela, y reconfigurar la geopolítica en Sudamérica favorablemente a los intereses estadounidenses.

Prácticamente, todos los avances que ha tenido la Revolución Bolivariana en Venezuela serían destruidos, el petróleo regalado a los estadounidenses, y se gobernaría (al igual que en México) para unos cuántos, que es la oligarquía que busca retomar el poder perdido después de tantos años.

Así, Capriles es el candidato de la OTAN, de USA, de Barack Obama, de Washington, del Fondo Monetario Internacional, de las embajadas americana y española, de las compañías petroleras norteamericanas, de la oligarquía local de Venezuela, de FEDECÁMARAS, de Venevisión, de Globovisión, de los poderes fácticos, del dinero, del neoliberalismo y, lo más importante, del retroceso para Venezuela.

Cabe señalar, por cierto, que tanto Capriles como la embajada de USA en Venezuela han amagado con no reconocer el resultado electoral si sale victorioso Chávez. El primero, generando una revuelta entre sus seguidores, y los segundos, pidiendo una intervención militar, tal y como están planeando hacerlo con Siria en estos días vía Turquía, y como pretenden también hacerlo con Irán vía Israel.

Así, en este choque de proyectos distintos y contrapuestos, sólo hay dos opciones: 6 años más de mejores condiciones de vida para los venezolanos, o un retroceso económico, político y social para esta nación que bastante sufrió durante muchos años antes de la Revolución Bolivariana.

Chávez ha demostrado que otro mundo es posible. Que sí es posible redistribuir la riqueza, y repartirla equitativamente. Que sí es posible tener una relación respetuosa con USA, siempre y cuando éstos no tengan injerencia en la Soberanía Nacional. Que sí es posible generar mayores y mejores servicios públicos, a cargo del estado. Que sí es posible no depender de la mano invisible. Que sí hay de otra. Que cada pueblo puede y debe determinar su propio destino.

Así, en esta coyuntura fundamental para Venezuela, si yo fuera venezolano, sin duda, votaría por Chávez.

La crisis de la crisis
Publicado el 16 de octubre de 2012

Desde que tengo memoria, siempre he oído de la crisis. Y también, de los remedios para salir de la crisis. No obstante con ello, también he oído a los valientes que aseguran que nos van a sacar de la crisis. Pero la crisis sigue ahí. No se ha ido. Pareciera que llegó para quedarse. Y por si fuera poco, desde hace algunos años comenzó la crisis de la crisis, que amenaza con profundizarse, y que podría traer una crisis aún mayor (por si esto fuera poco).

Pues aunque parezca un juego de palabras y que quiero confundir al lector, es más claro que el agua lo que menciono. La actual crisis -aseguran- que comenzó en 2008, con la crisis inmobiliaria en USA. Sin embargo, proviene desde finales de los 70's y principios de los 80's, años en que comienzan a aplicarse las doctrinas neoliberales.

Sin embargo, no sólo es la política económica. Es también la élite mundial, la oligarquía que aseguran no existe, pero que está conformada por grandes banqueros, empresas trasnacionales, magnates, medios de comunicación, monopolios, duopolios, oligopolios, y todo aquello que tiene forma de acumular el capital. Para esto, tiene a sus títeres (políticos ambiciosos y rapaces), los cuales son utilizados y encumbrados para seguir reproduciendo el sistema, para continuar el mismo régimen de corrupción y privilegios, los cuales están encargados de continuar aplicando la misma política económica, asegurando la sobrevivencia del moribundo modelo económico neoliberal, y perpetuando lo más posible el sistema capitalista, el cual se encuentra en su fase terminal, pero que continúan dándole vida artificial, mediante mecanismos que en algún momento se habrán de acabar.

Así, en los días pasados vivimos la imposición de una contrarreforma laboral que atenta contra los derechos de los trabajadores , los cuales han sido reducidos drásticamente (pago por hora, outsourcing, reducción o eliminación de seguridad social, así como del pago de prestaciones, eliminación de la antigüedad, reducción de salarios caídos por despido injustificado a sólo un año, contrato de prueba, etc.), y que han instaurado una forma moderna de esclavización, pero con una agravante de pauperización del trabajador y de sobrevivencia en la miseria, sin responsabilidad para el patrón.

Recordemos que en el esclavismo (en Roma, particularmente, pero así en otras sociedades) el esclavo vivía bajo la tutela del patrón que, si, lo azotaba y lo trataba mal (ahora el patrón no azota al trabajador, pero igual lo trata mal), pero el patrón tenía la responsabilidad de darle al esclavo casa, vestido y alimentación. En el actual esquema obrero-esclavista, no existe responsabilidad del patrón para mantener al esclavo.

Sin embargo, aunque pareciera que es un fenómeno único en México la contrarreforma laboral, se está aplicando también en otros países. Por ejemplo, en España algunos aspectos que contiene la nueva ley laboral son el impulso a los convenios y los pactos de empresa; limitó a un año la prórroga de los convenios caducados, hasta entonces indefinida; y facilitó los descuelgues salariales para las empresas.

En los días pasados, en Gran Bretaña (cuna del Capitalismo), el político conservador y Ministro de Hacienda George Osborne (descendiente y parte, por cierto, de la vieja aristocracia angloirlandesa), hizo un parafraseo de pésimo gusto de Marx, al exclamar ¡Trabajadores del mundo, únanse... y cedan sus derechos! ¡Naciones del mundo, únanse... y cedan su soberanía! Resulta que éste pillo burgués imperialista está proponiendo una contrarreforma laboral a partir de abril de 2013 que dé a los trabajadores participaciones entre 2,000 y 25,000 libras, a cambio de ceder sus derechos a la reclamación por despido improcedente, así como olvidarse del finiquito si la empresa quiebra, o a solicitar un horario flexible para ocupar tiempo para entrenamiento.

Así, queda en evidencia que no es realidad única lo que estamos viviendo en México, sino que son realidades simultáneas en diversas partes del mundo. Son políticas dictadas desde Washington, presentadas ante el G-8, avaladas por el G-20, e impuestas (por las buenas o por las malas) a los países del mundo que se dejan vía Fondo Monetario Internacional o Banco Mundial. Y estas políticas son encaminadas para intentar revivir al moribundo monstruo capitalista, eliminando por la vía de la "austeridad" derechos y servicios sociales y públicos, con el único fin de que los beneficiados del sistema puedan seguir obteniendo los mismos márgenes de ganancia sin importarles el sacrificio que hagan los demás.

Eso explica también, en gran medida, las promesas que como agente inmobiliario realiza Enrique Peña Nieto en su gira por Europa para vender el petróleo y que, dicho sea de paso, para esto fue encumbrado por Televisa y la oligarquía, comprado la elección e impuesto al Pueblo.

La contrarreforma energética que tanto ha anunciado Peña Nieto (y que incluso, desde la misma campaña mencionó en varias ocasiones) busca la privatización no de PEMEX ni de la empresa PEMEX, sino del producto que extrae, industrializa y comercia PEMEX: el petróleo. PEMEX puede y seguirá siendo una empresa mexicana, y con esa trampa venderán (en el mejor de los casos) o regalarán el petróleo a las naciones extranjeras (USA, Canadá, Reino Unido, Francia y España) vía sus empresas trasnacionales: Exxon-Mobil, Shell, Chevron-Texaco, British Petroleum, Repsol, entre otras.

Sin embargo, esa contrarreforma energética es sólo una parte del gran iceberg de estos países (principalmente, pero no son los únicos) de obtener el mayor botín posible en la obtención de los recursos energéticos, utilizando a políticos inútiles como Peña Nieto que deciden acatar sin chistar la agenda de Washington y al pie de la letra. Sin embargo, para los países opositores, o cuyos intereses no coinciden con los de las grandes potencias, son "liberados del terrible yugo dictatorial antidemocrático de dichos países"(invasiones vía la OTAN, como en el caso Afganistán en 2001, o Irak en 2003), o bien armando guerrillas de mercenarios pagadas desde los grandes centros de poder, y utilizados como pretextos para invadir y "ayudar a la liberación" de dichos países (como Libia en 2011, o próximamente Irán y Siria) ayudados, por supuesto, por las grandes cadenas y consorcios de medios de comunicación privados alrededor del globo (Fox, CNN, Televisa, TV Azteca, Globovisión, Galavisión, Telefé, El Clarín, Grupo PRISA, El País, etc.)

Esa era precisamente la importancia geopolítica de la elección venezolana del pasado domingo 7 de octubre, y su importancia en el futuro de la región: este ejercicio y el reacomodo en la correlación de fuerzas con respecto a los centros de poder y al dominio de los recursos energéticos del Sur. La victoria de Hugo Chávez permite que ese conjunto de fuerzas que han logrado decidir su propio destino pueda realizar un desarrollo de adentro hacia afuera (y no al revés, como se venía haciendo, o como México lo sigue haciendo).

Así, mientras no exista en México un gobierno que privilegie nuestras prioridades por encima de las de Washington, seguiremos sumidos en la crisis de la crisis, sumiéndonos en ese deterioro social y cultural que cada vez más parece profundizarse, y del que resultará más difícil salir. De esta forma, apreciamos la crisis en la política, en la economía, en la sociedad, en la cultura, en los medios de comunicación, en la televisión, en la programación de la propia televisión… ¡hasta en el futbol! existe una crisis, un deterioro, una mediocridad y, a la vez, una superficialidad que son transmitidas, y que cada vez más son interiorizadas en el mexicano como algo natural y espontáneo.

Finalmente, mientras la oligarquía y los beneficiados del régimen mantengan apacientados a los borregos, podrán seguir beneficiándose y obteniendo los privilegios de los que jamás habrán de saciarse. Finalmente, citando a George Orwell, en nuestra democracia tiránica "todos los animales son iguales, pero hay unos animales más iguales que otros".

El destino final

Publicado el 08 de noviembre de 2012

El día de hoy fue aprobada la Reforma Laboral de Calderón en la Cámara de Diputados, con una alianza final del PRIAN (y donde Acción Nacional traicionó al PRD, con quien se había comprometido a frenar las iniciativas retrógradas priistas), y con la cual, dadas las cosas, será también aprobada en el Senado de la República.

Ya lo he dicho en otras ocasiones que éstas reformas no responden ni siquiera a una iniciativa de Peña Nieto al respecto (incluso, dudo que Peña Nieto tenga iniciativa para algo, pero eso es otra cosa), sino que responden a una serie de *reformas estructurales* redactadas y dictadas desde Washington, consensadas por el G-8, y puestas en práctica por el G-20, cuyo fin último es la profundización del modelo económico neoliberal y del sistema capitalista, no importando las consecuencias de sus imposiciones. Sin embargo, esta contrarreforma laboral no es la única ley que deberá ser aprobada dentro del paquete de *reformas estructurales*. Ya se vislumbra en el horizonte por lo menos dos más: la reforma fiscal, y la reforma energética.

La reforma fiscal que Peña Nieto estaría enviando al Congreso durante el próximo periodo de sesiones tiene como fin último gravar todos los productos (incluyendo alimentos, medicinas, libros y educación, que actualmente están exentos) con el IVA

(Impuesto al Valor Agregado). En días anteriores, José Ángel Gurría -Secretario General de la Organización para la Cooperación y Desarrollo Económico (OCDE), y que también es ex-Secretario de Hacienda del sexenio de Carlos Salinas de Gortari, o sea, priista- "recomendó" al gobierno de Peña Nieto homologar el IVA al 19% "general, sin excepciones, sin tasa cero y sin diferencias en las fronteras"[2].

Sin embargo, existe información de que ésta cifra sería el aumento *conservador*, por decirlo de alguna forma, porque existen especialistas (y López Obrador) que dicen que la meta es subirlo y homologarlo al 22%. Esto, aunado a la pérdida anual del poder adquisitivo de los trabajadores en cuanto al salario mínimo, sumado con la reforma laboral recién aprobada, sería un desastre.

Por otra parte, la reforma energética que también estará presentando Peña Nieto ante el Congreso es tramposa y engañosa. Se maneja el doble discurso de no privatizar PEMEX (como empresa), pero se pone a disposición de las trasnacionales el petróleo (es decir, el producto que trabaja PEMEX en sus diferentes formas: exploración, perforación, extracción, procesamiento y distribución) y la renta petrolera (es decir, las ganancias del producto petrolero), en una clara y absoluta privatización.

De nada le sirven a la nación tener una red de gasolineras que están concesionadas y que lo único que pertenece a PEMEX es

---

[2] **Recomienda OCDE a gobierno de Peña homologar IVA a 19%.** Martes 06 de Noviembre de 2012. http://redaccion.xhglc.com.mx/?p=6830

la imagen corporativa (pues la venta de las gasolinas las obtienen los concesionarios y no PEMEX), así como tampoco servirá de nada tener la rectoría sobre un montón de instalaciones, fierros, líderes sindicales y trabajadores cuando lo que debería generar PEMEX, que (vuelvo a repetir) es la exploración, perforación, extracción, procesamiento y distribución no lo va a hacer, y se quedará parte del producto en manos de Shell, Exxon, Mobil, Chevron, Texaco, British Petroleum, y demás empresas petroleras voraces.

Estas contrarreformas (desde mi punto de vista) pasarán sin problemas, pues habrá manifestaciones en las calles, pero no contundentes, la sociedad en general no se movilizará, e incluso compartirán la idea de que así tiene que ser. La muestra me la han dado dos situaciones: la venta del voto y la votación a favor de Enrique Peña Nieto (para lo cual la memoria histórica no fue un factor de cambio), y la casi nula movilización de la sociedad civil ante la aprobación de una reforma laboral que afectaba sus intereses directos, y ante la cual no hubo la respuesta que tendría que existir.

Yo no soy de los optimistas que espera en que el Pueblo reaccione en este momento, dado que si no reaccionó con los dos hechos mencionados anteriormente, no hay razón por la que ahora lo haga.

El destino final, sin duda será el parecido al de Argentina en 2001, donde en ése momento las contrarreformas neoliberales y las recetas dictadas desde el exterior (Washington, en concreto) y que llegaban con recomendaciones vía el Fondo Monetario Internacional y el Banco Mundial se hicieron insostenibles, entonces la economía se cayó, y fue hasta ese momento (cuando los argentinos ya habían perdido todo, y no tenían ni para comer) que entonces reaccionaron, cambiaron el gobierno, la clase política y la política económica, y entonces comenzaron una espiral cuesta arriba. Yo espero que ese sea el mejor escenario para México.

El otro es mucho peor, y es parecido al caso chileno, donde lograron deponer al dictador Pinochet después de muchos muertos, pero jamás cambiaron la política económica, pese al cambio de gobierno y de clase política. Y una nueva generación les ha venido a enseñar a luchar a aquellos adultos que se conformaron con sólo la alternancia en el poder. Sin embargo, la lucha que ha dado esta nueva generación en Chile no ha conseguido ablandar, en lo más mínimo, al modelo neoliberal enquistado, en gran parte por el origen de Piñera, pero en gran parte también porque esa socialdemocracia que gobernó con Bachelet no hizo los cambios necesarios que necesitaba el país porque no se atrevieron, o porque así les convenía.

De ser el segundo escenario para México, tendrá que pasar mucho tiempo antes de que las cosas verdaderamente cambien. Pero, para entonces, quien sabe si México siga existiendo como país soberano, si seamos un protectorado más, una colonia formalmente reconocida, o bien un estado más de el país de las estrellas.

El fantasma

Publicado el 19 de abril de 2013

Desde 1823, año en que Estados Unidos (por medio de la *Doctrina Monroe*), decidió que *América es de los Americanos* (no de los que vivimos en el continente de América, sino de los estadounidenses, quienes se denominan a sí mismos *Americanos*), América Latina ha sido objeto de vejaciones por parte de los que se han denominado a sí mismos *Americanos*.

En este sentido, los gringos siempre serán gringos, y en consecuencia serán voraces, ambiciosos, ventajosos, belicosos y oportunistas. No existe un país que mayor cantidad de guerras haya establecido en el mundo, ya sea en la búsqueda de recursos naturales, territorio, materias primas, mercados o todas las anteriores juntas, por supuesto y siempre ineludiblemente, en nombre de la *Libertad* y la *Democracia*.

Así, América Latina (que tuvo la desgracia de compartir el continente con ellos) ha sido quien más ha sufrido las ambiciones expansionistas e imperialistas de nuestro vecino del Norte. La primera víctima de la absurda *Doctrina Monroe* fue nuestro país, quien después de una desigual guerra tuvo que ceder la mitad del territorio nacional a USA en 1848, por medio del Tratado Guadalupe-Hidalgo. Pero no hemos sido los únicos. Entre la lista de vejaciones e intervencionismo que ha habido por parte de USA tenemos la dolosa construcción y administración del Canal de

Panamá, la explotación y pillaje del petróleo mexicano hasta la Expropiación Petrolera, o las múltiples dictaduras militares que ha sufrido el continente en distintos países gracias a la mano irrestricta de Estados Unidos por medio de su brazo ejecutor, la CIA.

Victoriano Huerta en México, Leónidas Trujillo en República Dominicana, Anastasio Somoza en Nicaragua, Fulgencio Batista en Cuba, Augusto Pinochet en Chile, Jorge Videla en Argentina, la junta militar brasileña, y muchos casos más son vinculados directamente a grupos contrarrevolucionarios entrenados y apoyados por USA por medio de la CIA, entrenados (los dictadores a partir de la década de los 50's) en la *Escuela de las Américas*, así como una influencia militar importante planeada y llevada a cabo por medio del *Plan Cóndor*. Incluso, hace algunos días, *WikiLeaks* puso en evidencia el papel que tuvo Luis Echeverría Álvarez, expresidente de México de 1970 a 1976, en su vínculo con la CIA, y de igual forma se conocen vínculos de, al menos, varios expresidentes que tenían ese mismo vínculo, como lo fue Miguel Alemán (1946-1952), Adolfo Ruiz Cortínez (1952-1958) y Gustavo Díaz Ordaz (1964-1970).

Así, tras años de desapariciones forzadas, asesinatos, secuestros, torturas, y diversas formas de represión, las dictaduras militares latinoamericanas fueron cuestionadas por la opinión pública mundial, por lo que abrieron un periodo de simulación de democracia, en la cual, después de las dictaduras militares, la mayor parte de los gobiernos surgidos de esas elecciones fueron de derecha. Sin embargo, el hastío de la población con esas formas y métodos de gobiernos propiciaron que, poco a poco y ya fuera de la clandestinidad, la Izquierda fuera ganando terreno, hasta llegar a tener triunfos importantes como el de Hugo Chávez en Venezuela, Luis Inácio Lula da Silva y Dilma Rouseff en Brasil, Néstor y Christina Kichtner en Argentina, Evo Morales en Bolivia, Rafael Correa en Ecuador, Fernando Lugo en Paraguay, Michelle Bachelet en Chile, Daniel Ortega en Nicaragua, y Ollanta Humala en Perú.

Sin embargo, el fantasma golpista que rondó en América Latina desde la década de los 50's y hasta entrados los 80's volvió a aparecer, aunque primero de forma fallida. Primero con Hugo Chávez en 2002, con Evo Morales en 2008, y con Rafael Correa en 2010, sin contar el intervencionismo que hubo en las elecciones presidenciales en México de 2006 y 2012, donde Andrés Manuel López Obrador no tuvo el reconocimiento oficial al haber ganado la elección presidencial en 2006, y posteriormente al enfrentarse a una campaña multimillonaria y cuestionable que el actual presidente no ha podido (ni le interesa) esclarecer.

Pese a esto, el fantasma sigue presente, y no se ha ido. El Plan Colombia y la Guerra contra el Narco desatada en México desde hace 6 años es prueba de ello. El Golpe de Estado consumado contra Fernando Lugo en Paraguay hace 10 meses es prueba de ello. La actitud golpista de Henrique Capriles en Venezuela (aprovechando el descontrol político que existe actualmente en dicho país debido al fallecimiento de Hugo Chávez) quien, habiendo desconocido el resultado de una segunda elección donde fue derrotado, envió a sus seguidores a las calles a generar violencia y confusión, los cuales tuvieron un saldo de 7 muertos para el partido gobernante (el PSUV), y abriendo el paso para un Golpe de Estado, o una intervención militar norteamericana, también es prueba de ello.

Oscuros nubarrones se miran en el horizonte latinoamericano, una vez que la maquinaria en Washington se ha puesto en marcha nuevamente, y tienen como finalidad la reimplantación del neoliberalismo (en aquellos países que ya tienen su propio rumbo) ya sea por la vía democrática o violenta, profundizarlo en aquellos donde tienen gran injerencia (como México), y continuar el saqueo que durante poco más de dos siglos han venido realizando en contra de los latinoamericanos.

Sin embargo, a pesar de los pesares, siempre hay alternativas, pues aún somos muchos que creemos que otro mundo es posible, más humano, más igualitario y más justo, donde se privilegie lo social a lo económico, lo espiritual a lo material, y lo moral al éxito a toda costa. Todo depende de qué tan dispuestos estamos a defender lo nuestro y lo que nos corresponde por derecho. Sólo así podremos realizar una transformación real de México, y no simulaciones, como lo realiza el gobierno en turno, por supuesto, siempre apoyado desde lo alto por Washington, los organismos multinacionales, las trasnacionales y la oligarquía, que no está dispuesta a dar nada, y que está decidida a continuar con su característico entreguismo de siempre.

Plan Condor reloaded

Publicado el 23 de junio de 2013

En la década de los 70's y parte de los 80's, el gobierno de USA por medio de su brazo operativo la CIA llevó a cabo el denominado *Plan Condor* (cuyo antecedente podemos remontarlo a la *Escuela de las Américas*), cuyo fin era *dar seguimiento, vigilancia, detención, interrogatorios con tortura, traslados entre países y desaparición o muerte de personas consideradas por dichos regímenes como 'subversivas del orden instaurado o contrarias al pensamiento político o ideológico opuesto, o no compatible con las dictaduras militares de la región'.*

Parte de este Plan Condor fue el Golpe de Estado en contra de Salvador Allende en Chile en 1971 (por mencionar un ejemplo). Además, se creó una red de dictaduras a lo largo y ancho del Cono Sur para crear un *terrorismo de Estado* en contra de los habitantes de la región, con una plena coordinación entre ellas para sus fines. En México jamás hubo necesidad de algo así, pues los Presidentes emanados del PRI servían, a su vez, como agentes operadores de la CIA en el país.

Tras las dictaduras que asolaron América Latica durante mucho tiempo, y tras el paso a una democracia de transición que colocó durante un tiempo en el poder, la Izquierda latinoamericana fue ganando espacios y el mando en distintas regiones de Latinoamérica. Venezuela, por medio del Comandante Hugo

Chávez fue de las primeras en dar este giro, y entonces distintos pueblos empezaron a seguir el mismo camino.

Así, países como Brasil, Chile, Argentina, Ecuador, Bolivia, Uruguay, Paraguay, Nicaragua y más recientemente Perú comenzaron a tener gobiernos que ya no acataban las disposiciones y órdenes de Washington, ni las fallidas "recomendaciones" que realizan los grandes organismos mundiales como el Fondo Monetario Internacional (FMI), el Banco Mundial (BM) o la Organización para la Cooperación y el Desarrollo Económico (OCDE), y comenzaron a generar instituciones distintas la supeditada (a Estados Unidos, por supuesto) OEA, tales como el Mercosur y el ALBA en un intento por recuperar el control de su destino, y su legítimo derecho a decidirlo.

América Latina comenzó a resurgir ya no por la "ayuda" de los países poderosos, ya no por la voraz entrega de recursos naturales a las grandes naciones industrializadas, ni tampoco por la tan cuestionable "inversión extranjera" (que trae más perjuicios que beneficios), sino por políticas locales y regionales enfocadas a recuperar el camino perdido por más de 500 años en el continente.

Así, los beneficios comenzaron a socializarse, a dejar de estar acaparadas en las pocas manos de las oligarquías locales, para ser destinadas al grueso de la población. El *Programa Hambre Cero* de Brasil impulsado por Luiz Inácio Lula Da Silva (por cierto, muy mal copiado y emulado por el gobierno de Enrique Peña Nieto), las *Misiones* de Venezuela creadas por Hugo Chávez, sociales emprendidos por la Revolución Ciudadana de Rafael Correa en Ecuador son parte de esta nueva política encaminada a ayudar a los segmentos más desprotegidos de la población, como parte de una estrategia de desarrollo general encaminada a una distribución más equitativa de la riqueza en cada uno de éstos países.

Sin embargo, la hegemonía política y económica de USA en el continente se fue perdiendo al nivel que tenía durante las dictaduras militares, y entonces ha habido diversos intentos por recuperarla, mediante acciones de desestabilización hechas de forma aislada, pero con el mismo *modus operandi*, que es utilizando a la derecha en la región, y que por cierto han fracasado gracias al gran respaldo popular que tienen los mandatarios de esas naciones.

Entre las primeras acciones de éste que yo he denominado *Plan Cóndor Reloaded* podemos mencionar el Golpe de Estado en contra de Hugo Chávez en 2002, el fraude electoral en 2006 contra López Obrador y la compra de la Presidencia de la República en 2012 por el PRI el intento separatista en diversas regiones de Bolivia en 2009, el Golpe de Estado en Ecuador en contra de Rafael Correa en 2010, el Golpe de Estado en contra de Zelaya en Honduras en 2012, el Golpe de Estado en contra de Fernando Lugo en Paraguay en 2012, las movilizaciones contra Cristina Fernández en 2012, y el alfil derechista Henrique Capriles en las elecciones presidenciales de Venezuela de 2012 y 2013. Salvo los golpes de Estado contra Zelaya y Lugo, así como el escenario mexicano, todos los demás intentos han sido fallidos.

En los días pasados, movilizaciones en Brasil dentro del marco de la Copa Confederaciones han acaparado la atención del mundo. El alza al pasaje en el transporte público llevó a miles de brasileños a las calles a manifestar su rechazo a tal medida. Sin embargo, esto sucede en un país en el que ha tenido una política enfocada a las clases trabajadoras y desprotegidas, y que una de sus acciones más recientes fue el eliminar el IVA en alimentos y medicinas (política instaurada en los gobiernos de derecha en el país).

Las manifestaciones (cabe señalar) se dieron en un marco de violencia extrema, donde la policía brasileña tuvo que emplear la fuerza para contener los disturbios que realizaban provocadores profesionales en las calles de Brasil. Tras el anuncio del gobierno de Dilma Rousseff de no sólo bajar nuevamente el precio del transporte público, sino además de realizar algunas reformas que la sociedad pidió durante las protestas, éstas no han cesado. Incluso, el colectivo de jóvenes que convocó a las manifestaciones acusó a la derecha brasileña de utilizar las manifestaciones para otros fines distintos a los que fueron convocados.

Así, estamos ante un escenario más de desestabilización provocada por la derecha en un país progresista, y con un claro intervencionismo desde Washington. La cobertura mediática que han tenido las manifestaciones por parte de las grandes cadenas televisivas privadas (y que responden a esos mismos intereses) dejan al descubierto el intento de USA de recuperar, ya sea por la vía "pacífica" electoral, o por la violencia, el control sobre la región.

Como en Venezuela o Ecuador, el *Plan Cóndor Reloaded* fracasará ahora en Brasil, pues los brasileños sabrán respaldar un gobierno que se ha preocupado por atender aquello que no quiso ser atendido durante mucho tiempo, ya sea por señores virreinales, o por gobernantes y militares que se sentían señores virreinales. Y eso es algo a lo que no están dispuestos a regresar otra vez.

Ilegalidades, abusos y costumbres
Publicado el 04 de julio de 2013

Hace dos días, el Presidente de la República de Bolivia, Evo Morales (quien por cierto tiene un gran respaldo popular en su país) fue detenido ilegalmente en Viena, Austria, tras un contexto muy peculiar: tras la sospecha de que transportaba al exagente de la CIA, Edward Snowden, a quien presuntamente transportaba de Rusia a Bolivia después de la solicitud formal de asilo político de este a la nación pluriétnica, le fue negado el acceso al espacio aéreo de Portugal, España, Francia e Italia, países lacayos incondicionales de USA.

Así, prácticamente mantuvieron secuestrado a un Jefe de Estado durante poco más de 24 horas, donde violaron inmunidad diplomática, tratados y acuerdos internacionales so pretexto de que el Presidente Morales no dejó revisar su avión por las autoridades austríacas. Y después de una enérgica protesta de los gobiernos latinoamericanos (que motivó una cumbre emergente de UNASUR, y donde por supuesto que México no protestó, fiel a su alineación a los intereses estadounidenses) Evo Morales voló a Bolivia.

Otro escenario de ilegalidades se presentó lejos de Austria, pero muy cerca de nosotros. En Hidalgo, el día de ayer (en el filo del cierre de las campañas electorales a diputados locales) fue encontrada evidencia del modus operandi tradicional del PRI.

En la bodega de LitoImpresos Bernal, sobre el Boulevard Everardo Márquez, en Pachuca, contra campaña en contra de los candidatos del PAN, PRD y PANAL fue encontrada por profesores del PANAL. Tras avisar a los compañeros del PAN y PRD, asistieron estos acompañados de un Ministerio Público para hacer la indagatoria. Se realizaba el recorrido a puertas cerradas en la bodega, cuando golpeadores a sueldo del Partido Revolucionario Institucional (PRI) llegaron a la bodega, golpeando a todo el que se encontraba a su paso, y dejando varios heridos, incluso algunos de gravedad.

Tal fue la persecución y la violencia generada por los golpeadores, que periodistas y el propio Ministerio Público tuvo que salir corriendo del lugar, por ventanas, azotea e, incluso, un pasadizo secreto que daba a una colonia aledaña. El colmo fue que inmediatamente después llegó el Secretario de Seguridad Pública estatal, Alfredo Ahedo Mayorga, quien a pregunta expresa de los reporteros aseguró que se acababa de meter a la bodega, "y no había nadie" (sic).

Aunque es detestable la actitud sumisa y servil del PAN, PRD y PANAL al régimen, es terrible que se realicen estas ilegalidades y abusos (que pareciera que el PRI lo hace por costumbre) en contra de la oposición. No puede permitirse que el autoritarismo y el abuso del poder hayan regresado al país, al compás del PRI y Peña Nieto a la Presidencia de la República.

También debe renunciar el Secretario Alfredo Ahedo Mayorga, quien no sólo está alcahueteando y solapando a los golpeadores y porros priistas, sino que además está convirtiéndose en cómplice al dejar en la impunidad estos lamentables hechos.

Y tendría que explicar el Instituto Estatal Electoral cómo pudo salir tanta contra campaña de una bodega a unos pasos de donde se encuentra su sede.

Así, pareciera que en tanto en Hidalgo, como a nivel nacional e internacional se cuecen habas, y las ilegalidades, abusos y costumbres están presentes, siempre en beneficio de quien ejerce un poder opresor. Sin embargo, las costumbres tribales (como la de USA o los priistas) deben acabarse, para hacer a un lado las ilegalidades, y en consecuencia que el abuso del poder, a todos los niveles, deje de imponerse como ley suprema.

Finalmente, eso es lo que (en teoría) nos distingue de los animales, pues se supone hemos evolucionado. Aunque hay quienes, en Hidalgo y a nivel mundial, no lo han entendido, y se comportan como tales.

El complot
Publicado el 17 de febrero de 2014

En 2002 en Venezuela, donde un grupo de la oligarquía venezolana conformado por FEDECÁMARAS, Empresas Polar, Radio Caracas Televisión (RCTV), Venevisión, Globovisión, y funcionarios de las embajadas de USA y España en dicho país, impulsaron un gran golpe de Estado en contra del presidente Hugo Chávez, acompañado de una gran manipulación mediática internacional encabezada por CNN, y replicada por distintos medios de comunicación afines a lo largo y ancho del mundo. El golpe fracasó, pero no así la intencionalidad.

Después de esto, Hugo Chávez se enfocó en profundizar el Socialismo del Siglo XXI, obteniendo un gran apoyo y respaldo popular (que ya tenía cuando fue conspirado el golpe de Estado), y que le permitió reelegirse como presidente en 2007 y 2013, marcando un gran precedente de respaldo a la Revolución Bolivariana. En 2013, víctima de un cáncer muy agresivo, Hugo Chávez falleció, no sin antes indicar que su sucesor debía ser Nicolás Maduro, entonces vicepresidente de Venezuela. Con todo el respaldo del PSUV, Maduro ganó la elección presidencial por un estrecho margen. Henrique Capriles, candidato opositor de la derecha, desde la campaña y después, existía el interés por parte de la derecha venezolana de desestabilizar al gobierno en turno.

El pasado 12 de febrero, manifestaciones en contra de la inseguridad en distintos estados de Venezuela terminaron con un saldo de tres muertos. Desde entonces, existe una gran campaña mediática impulsada por CNN (televisora estadounidense) y NTN 24 (televisora colombiana) generando un ambiente de agitación encabezado por Leopoldo López, acompañado de bots en redes sociales impulsando un "gran movimiento" en contra del régimen "dictatorial" y "autoritario" de Nicolás Maduro.

Sin embargo, fotografías de supuestos estudiantes aprehendidos en las calles de Caracas vislumbran la posibilidad de *halcones* infiltrados desde la primera manifestación y no sería descartable que estos mismos *halcones* hayan sido los autores de los asesinatos a estudiantes. Más aún, después de que fue revelado por parte del gobierno venezolano que estos *halcones* fueron entrenados en México, en un plan llamado *Fiesta Mexicana*, a lo cual el gobierno mexicano ha guardado silencio. No es descartable esta hipótesis, ya que existen precedentes de injerencismo (sobre todo de USA) mediante el *Plan Cóndor* en América del Sur en la década de los 60's, 70's y 80's, y cuyos desestabilizadores eran entrenados en la llamada *Escuela de las Américas*, que en ese momento tenía sede en las cercanías del Canal de Panamá, en la cual la CIA (Central de Inteligencia Americana) era la encargada de reclutar, entrenar y fijar objetivos, y que distintos personajes latinoamericanos fueron partícipes (incluidos presidentes surgidos de golpes de Estado militares).

En este sentido, cabe señalar que Venezuela no es el único país que se ha visto sujeto a desestabilización política por parte de intereses ajenos, que apuntan directamente a USA por medio de su brazo ejecutor tradicional: la CIA. Aunque pareciera que son hechos e incidentes aislados y locales, Ucrania y Brasil han compartido (junto con Venezuela) manifestaciones en contra del gobierno en turno exigiendo cosas distintas.

Si bien es cierto que existen problemas en los países antes mencionados, tampoco podemos ser ilusos y no observar que estos brotes "espontáneos" tienen un patrón común y *modus operandi* de estas manifestaciones: gobiernos emanados de la Izquierda; hechos violentos en la primera de las marchas que desencadenan en muertos, con la participación de mercenarios infiltrados y entrenados, después de lo cual se convocan a manifestaciones más y más numerosas que suelen terminar en disturbios (quema de negocios y automóviles, enfrentamientos muy violentos con la policía), que desencadenan en represión y van haciendo subir más la tensión social y encienden los ánimos, convirtiéndose en un círculo vicioso.

En Ucrania el pretexto fue la negativa a incorporarse a la Unión Europea (contraviniendo los intereses de los propios europeos y USA, quienes ven un riesgo en la conformación de la Unión Euroasiática como un bloque económico antagonista); en Brasil el pretexto fue un tanto ridículo: la celebración de la Copa Mundial de Futbol de la FIFA en 2014; y en Venezuela la inseguridad. Y si observamos la primavera árabe de 2011, encontraremos un factor en común: la desestabilización de gobiernos no afines a los intereses estadounidenses y europeos.

Así, en Libia (a partir de "manifestaciones estudiantiles pacíficas") se gestó una invasión que terminó con el régimen de Muammar Al Gaddafi (que también socavó uno de los mayores índices de bienestar que existía en el mundo) por el petróleo. En Siria, la lucha entre el gobierno de Bashar Al Assad y los mercenarios de la CIA ha cumplido ya dos años, y es también por petróleo y gas natural. En Ucrania, es por la incorporación a la Unión Europea, de la cual muchos saldrían beneficiados (menos los ucranianos, por supuesto). En Brasil, el trasfondo real es desmoronar el BRICS (bloque económico que hace un contrapeso real a la Unión Europea y a USA). Y en Venezuela, es el petróleo y la influencia política actual en la región.

La situación estratégica actual que tienen Brasil y Venezuela respecto a América Latina y su injerencia en el actual cambio de paradigma en el continente es crucial. Y para esto, USA le ha apostado a gobiernos títeres como el de Enrique Peña Nieto en México, Santos en Colombia, o Piñera en Chile (régimen a punto de terminar), que más allá de realizar reformas estructurales a *modo* de los intereses estadounidenses y europeos, representan un ariete en su contraofensiva contra los gobiernos de Izquierda y que ya no se sujetan a los designios y mandatos del Fondo Monetario Internacional y del Banco Mundial.

Así, el golpe de Estado denunciado por Nicolás Maduro en Venezuela no es otra cosa que un complot orquestado desde USA y la operación de la CIA para cambiar al régimen, y someter nuevamente a la región a sus propios intereses. Así, solo queda esperar que el Pueblo, al igual que con Chávez, responda y respalde a su presidente y a su gobierno. De lo contrario, Venezuela y América Latina volverán al letargo y atraso en el que tantos años tuvo USA a la región, tal cual lo está haciendo hoy con México.

El circo de varias pistas

Publicado el 07 de diciembre de 2015

Los circos de varias pistas tienen una característica fundamental: que en un mismo momento, varios espectáculos son presentados para, por una parte, crear un espectáculo integral para los asistentes al circo pero, por otra parte, al distraer al espectador entre las distintas pistas que tiene el circo con el fin de que le resulte difícil concentrarse al espectador y no centre su atención en un sólo punto.

Lo mismo sucede actualmente en América Latina, en el plano político. Los mismos intereses de siempre por controlar a la región y a sus recursos naturales, encabezados por las grandes empresas trasnacionales, Washington y los grandes organismos financieros internacionales: FMI, BM y OCDE, montaron una estrategia desde hace ya algunos años con el fin de detener los grandes avances que ha tenido la región en materia de desarrollo e independencia económica, gracias a una oleada de gobiernos progresistas que comenzaron a gobernar en Latinoamérica apenas comenzado el Siglo XXI, y que lo hicieron con total independencia de USA e ignorando las "recomendaciones" del Fondo Monetario Internacional.

Así, al ver en grave riesgo su control político y económico de la región, USA comenzó a operar esta estrategia con el apoyo incondicional de la derecha latinoamericana, de tal forma de reencausar y reimplementar el neoliberalismo en los países de la región. La primera estrategia adoptada fue la organización de golpes blandos y duros en contra de los gobiernos de Izquierda electos democráticamente por sus ciudadanos. Así, podemos encontrar distintos momentos de la historia reciente de la región donde se han hecho presentes estos acontecimientos:

- Golpe de estado contra Hugo Chávez, Venezuela, 2002;
- Fraude electoral contra Andrés Manuel López Obrador, México, 2006;
- Movimiento separatista contra Evo Morales, Bolivia, 2009;
- Golpe de estado contra Rafael Correa, Ecuador, 2010;
- Golpe de estado contra Manuel Zelaya, Honduras, 2010;
- Fraude electoral contra Andrés Manuel López Obrador, México, 2012;
- Golpe de estado contra Fernando Lugo, Paraguay, 2012;
- Movimientos de desestabilización contra Cristina Fernández, Argentina, 2012;
- Movimientos de desestabilización de Henrique Capriles durante las elecciones presidenciales contra Hugo Chávez, Venezuela, 2012 y 2013;
- Protestas y disturbios de la derecha contra Dilma Rousseff, Brasil, 2013;
- Disturbios encabezados por Leopoldo López tras la muerte de Hugo Chávez, Venezuela, 2014;

Al respecto, cabe señalar que ya hace algún tiempo, en abril de 2013, en el texto "El fantasma", haciendo un recuento y una reflexión sobre los recientes acontecimientos de desestabilización hacia gobiernos de Izquierda en América Latina, escribí:

> *Oscuros nubarrones se miran en el horizonte latinoamericano, una vez que la maquinaria en Washington se ha puesto en marcha nuevamente, y tienen como finalidad la reimplantación del neoliberalismo (en aquellos países que ya tienen su propio rumbo) ya sea por la vía democrática o violenta, profundizarlo en aquellos donde tienen gran injerencia (como México), y continuar el saqueo que durante poco más de dos siglos han venido realizando en contra de los latinoamericanos.*

Nuevamente, en junio de 2013, en el texto "Plan Condor Reloaded", dentro del contexto de las exageradas protestas contra Dilma Rousseff en Brasil, durante la celebración de la Copa FIFA Confederaciones 2013, volví a advertir:

> *[…] Estamos ante un escenario más de desestabilización provocada por la derecha en un país progresista, y con un claro intervencionismo desde Washington. La cobertura mediática que han tenido las manifestaciones por parte de las grandes cadenas televisivas privadas (y que responden a esos mismos intereses) dejan al descubierto el intento de USA de recuperar, ya sea por la vía "pacífica" electoral, o por la violencia, el control sobre la región.*

En febrero de 2014, volví a escribir sobre el tema en "El complot", durante los disturbios ocurridos en Venezuela, encabezados por Leopoldo López, con el fin de desestabilizar al gobierno de Maduro:

> *Si bien es cierto que existen problemas en los países antes mencionados, tampoco podemos ser ilusos y no observar que estos brotes "espontáneos" tienen un patrón común y modus operandi de estas manifestaciones: gobiernos*

emanados de la Izquierda; hechos violentos en la primera de las marchas que desencadenan en muertos, con la participación de mercenarios infiltrados y entrenados, después de lo cual se convocan a manifestaciones más y más numerosas que suelen terminar en disturbios (quema de negocios y automóviles, enfrentamientos muy violentos con la policía), que desencadenan en represión y van haciendo subir más la tensión social y encienden los ánimos, convirtiéndose en un círculo vicioso.

A pesar de todo, esta estrategia de los golpes blandos y duros adoptada por USA por medio de su brazo ejecutor, la CIA, para desestabilizar a los gobiernos progresistas de América Latina en las primeras décadas del siglo XXI, fue completamente fallida, puesto que lejos de generar un clima de animadversión en contra de los gobiernos establecidos, hacia el interior generaron mayor respaldo popular y apoyo sin precedentes, moral y electoralmente. Sin embargo, hacia el exterior de esos países, la maquinaria mediática desinformativa de empresas como CNN, o Televisa y TV Azteca en México, generaron una imagen distorsionada de la realidad a una opinión pública que no conoce los procesos internos de dichos países y que, al conocer únicamente su realidad inmediata, la de su propio país, sobre todo en lugares como el nuestro, donde la derecha oprime en lo económico y reprime a los movimientos que existen, generó una simpatía desinformada hacia estos "movimientos sociales" de la derecha alienada a los intereses estadounidenses.

Pero para cambiar las cosas al interior de los países (que es donde realmente importa), hay que generar simpatías hacia la disidencia, no fomentar su rechazo. Así, hubo un cambio en el diseño y aplicación de la estrategia, y esta fue financiar a los grupos opositores y a la derecha de cada uno de los países con el fin de recuperar por la misma vía por la que perdieron su control, poder y dominio en la región, la vía electoral.

Esta estrategia ya tuvo sus frutos. El pasado 22 de noviembre, en una segunda vuelta muy cerrada entre el candidato oficial (heredero del Kirchnerismo y representante de la Izquierda) Daniel Scioli, y el candidato de una coalición de partidos de derecha (y menemista, además) Mauricio Macri, este último gana la Presidencia de la República por cerca de un punto porcentual.

Desde antes de tomar el poder, la prepotencia y arrogancia de Macri ya se ha hecho sentir, pues ha anunciado la desaparición de varios programas que venía implementando el gobierno argentino hacía algunos años, anunciando reformas económicas que vislumbran un regreso hacia el neoliberalismo en Argentina, y que además ha tratado con un brutal desprecio a la todavía Presidente Cristina Fernández. El último desplante fue apenas ayer, donde el presidente electo ha decidido unilateralmente que el traspaso de poderes sea en la Casa Rosada (la residencia oficial en Argentina), y no en el Congreso, como marca la constitución argentina, lo que representa una violación a la Carta Magna de ese país.

Sin embargo, la misma estrategia (y el contagio natural, además, de los procesos políticos y sociales que existe en los grupos de humanos) ha sido adoptada en Venezuela. Con una campaña sin precedentes, llena de mentiras y odio, la derecha venezolana ganó ayer la mayoría de las curules de la Asamblea Nacional al partido gobernante, el PSUV.

Más allá de la recomposición que muestra la derecha latinoamericana en estos procesos, y de lo peligroso que puede ser para otros países con gobiernos progresistas este gran retroceso hacia el neoliberalismo en algunos países de la región que ya se habían librado de él, lo cierto es que existen grandes indicios de que la mano que mece la cuna, USA, ha tenido una participación relevante en el vuelco latinoamericano repentino hacia la derecha. Y además, ha ganado dos países estratégicos dentro de la conformación del bloque latinoamericano antimperialista que se había agrupado en los últimos años.

Este golpe a los gobiernos progresistas de Argentina y Venezuela implica, además, una situación de riesgo por el contagio hacia otros países: Brasil, Ecuador, Bolivia, Nicaragua y Cuba, principalmente. Y pone en riesgo, además, la posibilidad de un cambio de modelo económico en México al fortalecer a los grupos de derecha mexicanos inmersos en el PRI, PAN y PRD.

En este circo de varias pistas que representa América Latina, es necesario estar muy atentos a cada uno de los procesos que acontecen en los países de la región, pues lo que sucede en uno contagia al otro. Y sería lamentable que varios países que han tenido un desarrollo económico y social en la última década retornen al neoliberalismo por los propios intereses de las oligarquías locales y de unos cuántos y, por la otra, en este contagio que se da entre países de la región, condenen a México a 6 años más de neoliberalismo.

Lo peor que le podría suceder a América Latina es el retorno del neoliberalismo, y el retorno del control geopolítico de la región por parte de USA. Porque una vez que retornen el neoliberalismo y la derecha al poder, ni a chingadazos se los quitan. Que América Latina se vea en el reflejo de un espejo llamado México, y al neoliberalismo y la derecha encarnada en el poder, en el PRI. Así de lamentable y trágico puede ser su destino.

El golpe

Publicado el 15 de mayo de 2016

Hay ocasiones en las que decir "te lo dije" es gratificante, pero en otras es incómodo, insatisfactorio, doloroso. Y esta es una de ellas.

En los últimos tres años, escribí diversos textos sobre la gran amenaza retrógrada que se cernía sobre América Latina y los gobiernos progresistas que existían en la región (*El fantasma, Plan Condor reloaded, El complot y El circo de varias pistas*) por parte de la política intervencionista de Washington, que cada vez se ha hecho más evidente en los últimos años.

Había muchas y evidentes muestras de que Estados Unidos se había propuesto recuperar la influencia política y económica que había perdido en la región, mediante un gran plan de financiamiento de Washington y los grandes organismos internacionales, destinado a las diferentes derechas de cada país, las oligarquías locales y los medios de comunicación a su servicio.

Cabe señalar que, Barack Obama, ha sido el presidente más bélico e intervencionista que ha habido en Estados Unidos en mucho tiempo, incluso más que George W. Bush, pues en su haber tiene guerras y/o bombardeos en Afganistán, Libia, Somalia, Pakistán, Yemen, Irak y Siria, además de la desestabilización en Ucrania, el financiamiento de Dáesh (ISIS o Estado Islámico), y las más recientes intervenciones políticas en países de América Latina, desde México hasta la Patagonia.

Sin embargo, tras una serie de golpes o intervenciones fallidos (que podemos considerar desde el Golpe de Estado contra Hugo Chávez en 2002 hasta los disturbios de 2014 en Venezuela encabezados por Leopoldo López, y que enumero en *El circo de varias pistas*), en los últimos seis meses, Washington ha conseguido avanzar en su plan de reconquista de América Latina.

Así, la primera victoria contra los gobiernos progresistas de la región en noviembre de 2015 en Argentina, cuando el empresario neoliberal Mauricio Macri venció al kirchnerismo en una segunda vuelta electoral muy cerrada, con Grupo Clarín apoyando abiertamente al candidato presidencial derechista. El resultado 6 meses después de haber asumido el poder: 45 mil despedidos en el sector estatal, y 85 mil en el sector privado, y una serie de políticas que han ido reestableciendo el neoliberalismo en Argentina.

Un mes después, Washington obtuvo su segunda victoria en contra de los gobiernos progresistas de la región. La derecha venezolana logró el control de la mayoría del congreso, donde el partido gobernante, el PSUV, quedó relegado a una minoría, existiendo una gran campaña de odio y manipulación apoyada en grandes corporativos mediáticos como Globovisión, Venevisión y Televen previo a las elecciones legislativas de diciembre de 2015. Como resultado, Henry Ramos Allup asumió la Presidencia del Congreso, desde donde se ha intentado hasta el momento, sin éxito, destituir a Nicolás Maduro de la Presidencia de la República, así como intentar desmantelar el Estado Social de la Revolución Bolivariana, reprivatizar bienes públicos, y reimplementar el neoliberalismo en Venezuela. Sin embargo, el riesgo sigue latente.

Poco a poco, de forma silenciosa como un cáncer, sigue avanzando el intervencionismo estadounidense en América Latina, utilizando a las instituciones del Estado, así como los marcos jurídicos vigentes, para consolidar su dominio e influencia en la región. En los días pasados, se consumó el golpe parlamentario contra la Presidente Dilma Rousseff en Brasil, país clave y elemental de lo que significó la transición a los gobiernos progresistas de América Latina en la década pasada.

En una de las que resulta una de las ironías más grandes de la Historia, la Presidente Rousseff fue acusada de realizar actos de corrupción no comprobados, y destituida por ello de su cargo (en el cual fue reelecta democráticamente por la mayoría de los brasileños) por diputados de oposición derechistas, muchos de ellos acusados de corrupción comprobada (y con fuero constitucional), acompañados de corporativos mediáticos como O Globo, repitiendo y reescribiendo la historia ya descrita de Argentina y Venezuela.

Así, tras la destitución de Dilma, Michel Temer (el vicepresidente de Brasil) asumió el poder hasta por 180 días de forma interina, tiempo en el que el congreso decidirá si Dilma es destituida definitivamente o no (lo cual, dadas las circunstancias actuales, es muy probable, casi un hecho).

Así, tras asumir el poder, las primeras acciones anunciadas y algunas ya concretadas de Temer han sido encaminadas a restaurar el neoliberalismo en Brasil, y desmantelar el Estado Social construido durante las gestiones de Lula y Dilma.

¿Qué tienen en común estos tres procesos políticos y sociales?

1. Campañas de desprestigio permanente en los grandes corporativos mediáticos, acentuados antes de elecciones parlamentarias y/o presidenciales;
2. Financiamiento de las derechas de cada país por parte de las oligarquías locales, los grandes corporativos trasnacionales, los grandes organismos internacionales y/o Washington;
3. Avance y triunfos importantes de la derecha, obtención de mayorías parlamentarias y/o alternancia política presidencial;
4. Si el triunfo fue legislativo, boicot y contrarreformas a los procesos progresistas o, si el triunfo es en el ejercicio del poder presidencial, desmantelamiento acelerado del Estado Social, y reimplementación del neoliberalismo; y
5. Derrocamiento de los gobiernos democráticamente electos por vías legaloides, pero con "legalidad" y "apego a derecho".

Así, el triunfo de la derecha en Venezuela no es frenar la "carestía" existente (producto del acaparamiento que hacen las grandes empresas), ni en Argentina fue "acabar con la corrupción de los Kirchner", ni en Brasil "acabar con la corrupción de Dilma". El fin último, y el trasfondo real, es la reimplementación de las políticas económicas neoliberales en la región, ampliar el intervencionismo de Washington en América Latina, y la llegada al poder de gobiernos satélites, con Congresos y/o Presidentes a *modo*, para evitar cualquier intento por restaurar el Estado Social de los gobiernos progresistas anteriores, pues finalmente estos contravenían y estorbaban a la instauración del Nuevo Orden Mundial que, desde hace algunas décadas, quiere imponer Estados Unidos en todo el planeta.

Así, se complica aún más el panorama para los gobiernos progresistas de la región. Venezuela sigue en vilo, y Ecuador tiene una vulnerabilidad latente tras el terremoto que impactó aquel país hace algunas semanas.

Peor aún, el panorama para México es sumamente complicado, pues si en ya dos ocasiones anteriores impidieron la llegada de Andrés Manuel López Obrador al poder (una Izquierda que no es Izquierda, pero que es una solución temporal alterna al régimen priista neoliberal mientras llega una opción de verdadera Izquierda al país), y donde según diversas encuestas podría ser el próximo Presidente de México en 2018 (encuestas que desde mi punto de vista están infladas, y con una intencionalidad perversa detrás), es obvio que no lo dejarán ser presidente (por tercera vez), a menos que haya negociado la Presidencia a cambio de mantener el modelo económico neoliberal, o le impongan un Congreso de derecha (escenario cercano a Venezuela o Brasil) para provocar una inactividad, y así seguir el script de Brasil.

Se ha complicado mucho el escenario para la Izquierda latinoamericana, y temo que Brasil no será el último gobierno progresista en ser derrocado por la vía legaloide. Y la experiencia dice (y se ha confirmado) que cuando las barbas de tu vecino veas cortar, pon las tuyas a remojar.

Fidel, la Historia ya te absolvió
Publicado el 26 de noviembre de 2016

Quiso la vida y la Historia que mi primera columna en Effetá fuera en una fecha tan importante y emblemática para el mundo, y en especial para la Izquierda Latinoamericana. Fidel Castro Ruz, el emblema de la Izquierda en América Latina, el personaje y protagonista del Siglo XX, falleció a los 90 años, justamente a 60 años de la partida del barco Granma desde México hacia Cuba (donado, por cierto, por el General Lázaro Cárdenas a Fidel) para iniciar la Revolución Cubana.

La figura de Fidel, aparte de ser emblemática, es polémica, y más allá de las filias y las fobias, de la propaganda disfrazada de información difundida en los grandes corporativos mediáticos en México y en el mundo (como la CNN), es importante señalar los logros de la Revolución Socialista en Cuba, y contrastarla con los indicadores de otros países, como bien podría ser el caso de México y de nuestro estado: Hidalgo.

Se habla que, en Cuba, el socialismo mata de pobreza a sus habitantes, pero no se habla que existe un bloqueo económico de Estados Unidos a Cuba, que sanciona por igual a países y empresas que quieran vender o comprar productos cubanos. En contraparte, el neoliberalismo ha matado, en casi 35 años, a más gente que las dos guerras mundiales juntas.

Y en México y en Hidalgo, ha empobrecido a millones: a nivel nacional, en 2010 había aproximadamente 67.44% de personas en situación de pobreza (es decir, casi 76 millones de personas que no pueden comprar la Canasta Básica Alimentaria y No Alimentaria), 64.29% en Hidalgo (es decir, 1'720,891 de los 2'676,778 hidalguenses), y los números a nivel municipal no son nada alentadores: Yahualica, el municipio con el mayor índice de pobreza en Hidalgo, tiene 90.78% de pobres, y Xochiatipan es el municipio con mayor porcentaje de pobres extremos a nivel estatal, con 54.48% de personas con pobreza extrema (es decir, que no pueden ni siquiera comprar la Canasta Básica Alimentaria).

En Cuba, se ha garantizado el derecho a la alimentación a todos sus habitantes. Tan es así, que la ONU ha reconocido que, de todos los niños con hambre en América Latina, ni uno sólo es cubano. En México y en Hidalgo, sobran niños con hambre.

Los números en cuanto a educación también son impactantes: mientras en Cuba existe una tasa de analfabetismo cero, en México era de 5.5% en 2015 (casi 5 millones de personas) y en Hidalgo, este ascendía a 8.2% (casi 220 mil personas en el estado). Asimismo, mientras en Cuba la educación es garantizada de forma pública desde el preescolar hasta el posgrado, en México el Estado sólo tiene la responsabilidad de garantizar la educación hasta el bachillerato, después de lo cual se desentiende de su obligación histórica. Además, mientras en Cuba no existen cuotas lascivas contra estudiantes, pues la educación es gratuita en todas sus formas y niveles, en México e Hidalgo se pagan cuotas insostenibles e inmorales para padres de familia y estudiantes, sobre todo en bachillerato, universidad, y no se diga en el posgrado.

Se habla también de la "gran" migración que existe de Cuba hacia Estados Unidos, muestra de "cómo los cubanos escapan del régimen castrista". Sin embargo, las estimaciones que se han realizado respecto a los cubanos que han salido en 60 años de Revolución suman un millón de personas. En contraste, El Colegio de la Frontera Norte estima que aproximadamente 525,600 personas atravesaron sólo en 2015 la frontera de México con Estados Unidos con el fin de llegar al sueño americano.

Mucho se ha mencionado (e insistido) de que en Cuba existe una dictadura. No hay nada más falso que eso. En Cuba, existen dos tipos de elecciones: cada dos años y medio, se elige a los Delegados a las Asambleas Municipales del Poder Popular y sus Presidentes y Vicepresidentes; y cada cinco años, a los Diputados a la Asamblea Nacional del Poder Popular, su Presidente, Vicepresidente y Secretario al Presidente, Primer Vicepresidente, Vicepresidentes, Secretario y demás miembros del Consejo de Estado a los Delegados a las Asambleas Provinciales y Municipales del poder Popular y a su vez Presidentes y Vicepresidentes.

Por su parte, a nivel federal, en México, hubo una alternancia de 12 años entre el PRI y el PAN. Pero esta alternancia fue de partido, no así de modelo económico, pues el neoliberalismo siguió siendo el eje de la política económica (hasta hoy) desde hace 35 años. A nivel estatal, ni se diga: nunca ha habido alternancia en Hidalgo. PRI y sólo PRI. Es curioso cómo se puede disfrazar una dictadura como democracia, y una democracia como dictadura, ambas con el gran poder de los medios de comunicación masivos tradicionales.

Con la muerte de Fidel comienza la prueba del ácido para la Revolución Cubana. En términos reales, hoy comienza, de hecho, la Revolución, y veremos si esta logra sobrevivir a Castro. La muerte de Fidel es un parteaguas histórico, que sin duda marcará el destino de Cuba y de América Latina a corto, mediano y largo plazo.

Fidel Castro deja un gran legado para la Izquierda Latinoamericana. Deja una gran lección de vida, y un ejemplo de resistencia. Demostró que es posible soñar con la utopía, de hacer posible lo imposible. Muere un hombre, pero no sus ideas. Nace una leyenda, y el mito que representará para las generaciones venideras.

Extrañaremos sus reflexiones, su solidaridad con los distintos pueblos del mundo, su oposición al todopoderoso Estados Unidos, su infatigable e inquebrantable convicción de que otro mundo es posible.

Hasta siempre, Fidel. Te extrañaremos. Descansa en paz, compañero. La Historia ya te absolvió.

El traidor

Publicado el 12 de octubre de 2019

Mucho he escrito sobre Ecuador. Podría asegurar que, junto al caso mexicano y venezolano, es uno de los países a los que les he dado un seguimiento preciso desde el surgimiento de los gobiernos progresistas de la década pasada.

Rafael Correa llegó al poder en 2007, y podríamos decir que es el único presidente ecuatoriano que ha concluido su mandato en 30 años de álgidas revueltas sociales. El triunfo de Correa fue oxígeno, si, para América Latina, pero también para Ecuador tras años de políticas neoliberales "recomendadas" desde los grandes organismos internacionales: FMI, BM, OCDE.

A partir de entonces, comenzó a implementar un modelo distinto, el Socialismo del Siglo XXI desde las particularidades ecuatorianas, el de la Revolución Ciudadana, que se sumó a otros movimientos que habían llegado al poder como el de Hugo Chávez en Venezuela, Evo Morales en Bolivia, Lula Da Silva en Brasil, Néstor Kirchner y Cristina Fernández en Argentina, rompiendo de facto con el FMI y las políticas neoliberales.

Como en toda la historia de los gobiernos progresistas de América Latina (Bahía de Cochinos en 1961, el 11S de Chile en 1973, el Golpe de Estado en Venezuela en 2002, por mencionar algunos), la CIA orquestó un intento de Golpe de Estado en 2010 con el apoyo de la policía nacional. Sin embargo, el Pueblo salió a las calles, y defendió a su Presidente.

Así, Correa desafió al Imperio, y no solo con un programa de gobierno distinto, sino con acciones como el asilo político del activista Julian Assange, fundador de WikiLeaks, así como una política económica sólida.

Había que romper con este modelo exitoso de una política, una economía, una sociedad distinta ¿Y cómo había que hacerlo? Pues cooptando al nuevo Presidente. Y así fue.

Lenin Moreno, desde el primer momento en que asumió la Presidencia de Ecuador, se comportó como un traidor, como un ariete de la derecha. Bajo el pretexto de romper con el estilo de Correa (a pesar de haber sido su vicepresidente), Lenin comenzó a alejarse más y más de los principios de la Revolución Ciudadana, y a mostrar su verdadera cara.

El primer acto de traición fue haber acusado a Jorge Glas, vicepresidente de Ecuador y gente leal a Correa, de asociación ilícita en un cuestionado caso de sobornos de la constructora Odebrecht y condenado a seis años de prisión. Cuestionado, ya que se ha denunciado por parte de juristas y especialistas que hubo irregularidades en el proceso judicial contra Glas, y donde además hubo "justicia" selectiva por parte de la corte.

Posteriormente, el siguiente acto de traición se dio cuando Lenin Moreno (después del proceso contra Glas) rompe con Rafael Correa, y usurpa la dirección de 'Alianza País', partido que lleva al poder a Correa en 2007 y Moreno en 2016.

La tercera traición de Lenin Moreno llega cuando es retirado el asilo político a Julian Assange y es entregado a las autoridades suecas para ser entregado a USA para ser juzgado por las filtraciones que hizo a través de su portal de internet.

La cuarta traición de Lenin se da en octubre de 2019, cuando decide implementar un paquete de medidas económicas neoliberales, entre ellas el aumento del diésel y la gasolina y el aumento del IVA al 12%.

La quinta traición se da casi al mismo tiempo que la cuarta, al momento que comienza la represión contra los ecuatorianos que se manifiestan contra las medidas neoliberales de Lenin, las cuales han costado varios muertos y cientos de heridos por la brutal ofensiva represiva del Gobierno, la militarización de las principales ciudades, y el estado de excepción que ha llevado a un toque de queda en Quito.

El grado de la represión es tan grande y tan grave, que el Gobierno de México ya ha recibido solicitudes de asilo político, como el caso de Gabriela Rivadeneira, asambleísta nacional de dicho país por el Movimiento Político Revolución Ciudadana.

Es indiscutible que en el proceso que llevó a cabo la Revolución Ciudadana en Ecuador fue desarticulado por el entreguista gobierno de Moreno, sobre el cual apenas se escucha en los medios de comunicación mexicanos, y ha llegado en forma de "disturbios", "saqueos" y "pequeñas protestas" gracias a los corporativos mediáticos que las oligarquías mantienen bajo su poder y dominio en todo el mundo.

En este caso, para los medios de comunicación, Ecuador no ha pasado a ser una dictadura (como es el discurso, por ejemplo, con Venezuela), a pesar de que las violaciones a las garantías constitucionales de los ciudadanos son constantes, sino que además ha acallado las voces disidentes, como el retiro de señal de Telesur en el país andino.

La renuncia de Lenin Moreno debe darse, y no debe entenderse como una intromisión a la política interior de Ecuador, sino como una necesidad por salvaguardar el derecho del Pueblo ecuatoriano a decidir su propio destino, el cual ha sido manifestado en las calles de Quito y de las principales ciudades en dicho país.

La traición de Lenin Moreno no sería tan importante, de no ser porque en el Cono Sur se ha asentado la ultraderecha con el fascismo brasileño, encarnado por Jair Bolsonaro, o el neoliberalismo ortodoxo argentino, de Mauricio Macri, como para ahora inaugurar la dictadura ecuatoriana de Lenin Moreno.

Es preciso detener el avance de la derecha latinoamericana antes de que permeé, como en los 70's y 80's, a todo el continente, con los devastadores efectos que va a tener sobre nuestras sociedades.

El Otoño Latinoamericano
Publicado el 26 de octubre de 2019

Hacia los primeros meses de 2011, en Medio Oriente se presentaron manifestaciones y conflictos armados inducidos en distintos países árabes que tenían, como objetivo principal, el derrocamiento de diferentes gobiernos.

Pero no de cualquier gobierno: solamente fueron desestabilizados países que no estaban bajo el predominio estadounidense. Así, del derrocamiento de Hosni Mubarak en Egipto en febrero de 2010, pasamos a la invasión franco-británico-estadounidense a Libia en 2011, y a la guerra civil provocada en Siria que aún continúa por los intereses gringos, principalmente de petróleo y gas natural. Así, este fenómeno político-social-militar fue denominado *Primavera Árabe*.

Sin embargo, actualmente en América Latina estamos teniendo un fenómeno distinto, que bien podríamos denominar el *Otoño Latinoamericano*. Si bien es cierto que la terminología que estoy utilizando es únicamente para denominar una serie de movimientos que se están dando en América Latina actualmente utilizando el paralelismo que existe con lo que pasó en Medio Oriente hace 8 años, lo cierto es que es diametralmente opuesto el fenómeno que estamos apreciando actualmente.

A diferencia de la *Primavera Árabe*, los movimientos sociales y ciudadanos de los que hoy estamos siendo testigo no son inducidos por parte de Estados Unidos o su organismo creado para infiltrar y desestabilizar gobiernos, la CIA, el *Otoño Latinoamericano* surge a partir de la necesidad de los propios pueblos latinoamericanos por frenar el injerencismo político y económico que durante años han tenido, donde la imposición del neoliberalismo como política económica *cuasi* doctrina sectario-religiosa ha sido ley en todos y cada uno de los países de nuestro continente.

Si bien aún no podemos establecer ciertos eventos como precedente con la firmeza que quisiéramos, dado que el espacio histórico de análisis es aún corto, reciente y en desarrollo, recordemos que en términos sociales e históricos todo es un proceso: nada surge de la generación espontánea, y lo cierto es que el primer antecedente directo que tenemos de este despertar antineoliberal en los países de América Latina es la elección de Andrés Manuel López Obrador como Presidente de México.

De acuerdo con el propio análisis que han hecho diferentes académicos y columnistas, existía un cansancio y un agotamiento popular en México tras 36 años de neoliberalismo. Esa es la principal razón por la que López Obrador gana la elección presidencial con más del 53% de los sufragios. Y no solo eso: la aplicación de la denominada *Economía Moral*, definida así por el propio Andrés Manuel, y que está en proceso de consolidación, le ha mantenido una creciente popularidad que al día de hoy es superior al 70%. Es decir, 7 de cada 10 mexicanos respaldan las políticas implementadas por el Presidente.

En Ecuador, aunque ya era creciente el descontento del Presidente Lenin Moreno por la traición a la Revolución Ciudadana (movimiento por el cual llegó al poder) y su entrega al poder de los organismos internacionales con la reimplementación del neoliberalismo en aquella nación, la crisis política de principios de octubre fue desatada por la publicación del decreto 883, que establecía el aumento de la gasolina y el diésel, y el aumento al IVA al 12%. Tras una semana y media de movilizaciones, el pueblo ecuatoriano logró que el gobierno de Moreno echara atrás el decreto antes mencionado.

En Chile, sucedió lo mismo. Tras la publicación del decreto que aumentaba por quinta vez el precio del metro en menos de un año, estudiantes salieron a protestar y a brincarse los torniquetes. El derechista gobierno chileno, fiel a su tradición pinochetista, en vez de permitir el libre ejercicio de la libertad de expresión y garantizar la protesta, la reprimió.

¿En qué cabeza cabe enviar a carabineros a reprimir al pueblo indignado por el alza del pasaje y por el cinismo del Ministro de Economía de decir que "si se levantaban más temprano podrían gozar de una tarifa preferencial"? Si, en la dictatorial cabeza de Piñera.

Lejos de contener los ánimos, la represión ocasionó que el Pueblo chileno se volcara a las calles, y entre más crecía la represión, más se incendiaban los ánimos populares, y más gente salió a las calles. El descontento fue tal, que la población salió de forma masiva a protestar a las calles como nunca (ni durante el movimiento estudiantil de 2010 se vio algo así), y en un acontecimiento inusitado, el 25 de octubre de 2019, más de un millón de chilenos (algunos medios publicaron que fueron al menos 2 millones) salieron a las calles a protestar, y a exigir la renuncia de Sebastián Piñera de la Presidencia de la República, convirtiéndose en la mayor marcha que dicho país tenga memoria, únicamente comparable con la que hubo cuando Pinochet abandonó el poder en 1990.

Aún continúa el movimiento chileno. Y aunque el Presidente ya pidió la renuncia de todos sus ministros, quieren a Piñera fuera de la Presidencia de la República.

Y si ves al vecino sus barbas cortar, pon las tuyas a remojar. El día de mañana habrá elecciones en Argentina, donde la fórmula Alberto Fernández-Cristina Fernández podría arrebatarle la Presidencia de la República a Mauricio Macri, otro neoliberal a sueldo. Evo Morales logró su cuarta reelección en Bolivia, por lo que la Izquierda continuará gobernando en dicho país por algunos años más. Y han comenzado a generarse algunas protestas en otros países neoliberales latinoamericanos como Perú y Colombia, donde una torpeza del gobernante puede ocasionar una respuesta similar a lo que hemos apreciado en Ecuador y Chile.

Sin embargo, la resistencia no implica sólo implica oponerse a gobiernos neoliberales, sino además librar las batallas contra el intervencionismo estadounidense y los intentos de derrocamiento de los gobiernos progresistas, como los de Venezuela y Cuba.

Así, aunque aún es temprano para hablar del *Otoño Latinoamericano*, lo cierto es que la multiplicación de los movimientos sociales antineoliberales en América Latina está ahí, latente. Y es muy probable que estemos en la antesala de una segunda oleada de gobiernos progresistas en Latinoamérica.

Claro que, a diferencia de la primera década del Siglo XXI, ya existe un gobierno progresista en México, que ha defendido el derecho de autodeterminación de los pueblos en los organismos internacionales, los principios de no intervención, que ha defendido la soberanía frente a Trump dentro de lo posible, y que puede encabezar la unidad latinoamericana como tenía años que no lo hacía.

Así, el otoño de 2019 no sólo comenzó con la caída de hojas, sino con la caída de políticas neoliberales ante el cansancio y hastío que han tenido los pueblos latinoamericanos de estas políticas, y es probable que estemos vislumbrando el principio del fin del modelo neoliberal en América Latina, que podría ser el legado del *Otoño Latinoamericano*.

El Golpe de Estado

Publicado el 02 de noviembre de 2019

Desde hace mucho (podría decir que incluso, desde antes de que comenzara el Gobierno de Andrés Manuel López Obrador), platiqué con gente muy cercana que el principal reto del próximo Presidente de México sería el enfrentar el golpe de Estado que seguramente le tocaría enfrentar más o menos por el segundo año de gobierno, y que debía tener para entonces el control de todas las instituciones, porque de lo contrario no iba a lograr sostenerse.

Sin embargo, esto jamás lo comenté ni en redes sociales ni lo expresé más allá, debido a la delicada naturaleza de lo que ello significa.

¿Qué me hacía pensar eso desde entonces? La experiencia latinoamericana que hemos tenido por décadas, en la cual, cuando la Izquierda asciende al poder (no importa si es por la vía revolucionaria o por la vía electoral), siempre, indiscutiblemente, hay un intento de golpe de Estado.

Al triunfar la Revolución Cubana, pasaron un par de años para que existiera un intento de derrocamiento del régimen de Fidel Castro por parte de la Mafia de Miami, en lo que se denominó la *Batalla de Bahía de Cochinos* o la *Invasión de Playa Girón* (según el país de donde se mencione dicha acción militar). La rebelión fue ahogada, y eso derivó en la *Crisis de los Misiles* un año después, tras lo cual el Gobierno de Estados Unidos firmó el armisticio con la Unión Soviética, y entre los puntos firmados, destacó el que existía el compromiso de los estadounidenses de no volver a intentar invadir o derrocar al régimen de Castro por la vía militar, lo que motivó el cambio de táctica hacia un bloqueo económico. El armisticio sigue vigente, al igual que el bloqueo contra Cuba.

Al ganar Salvador Allende las elecciones presidenciales en 1971, Pinochet sólo se tardó dos años en conjurar el Golpe de Estado que llevaría a la dictadura militar en Chile, en el cual derrocó y asesinó al presidente Allende, y del cual, si bien es cierto que Pinochet dejó el poder hace ya bastantes años, el régimen político-militar sigue intacto, y los problemas de la implementación del neoliberalismo con las reglas pinochetistas siguen causando estragos en la población chilena.

Lo mismo con Hugo Chávez, en Venezuela. Llegó al poder en 1999, y en 2002 las embajadas de USA, España y Colombia, respaldaron al Presidente de FEDECÁMARAS (el organismo empresarial de dicho país), para encabezar una rebelión contra el chavismo, e intentar derrocarlo por unas horas.

En Bolivia, otro caso más. Evo Morales asumió la Presidencia de la República en 2006, y en 2009 movimientos separatistas amenazaron con balcanizar Bolivia.

Mientras tanto, en Ecuador, Rafael Correa llega al poder en 2007, y en 2010 una protesta de policías se convirtió en un intento de Golpe de Estado, al encerrar al Presidente por algunas horas, y en la cual la condición de liberación era su dimisión al poder. Afortunadamente, Correa contó con el respaldo del Pueblo, quien se movilizó y llegó hasta la Comandancia de Policía para liberarlo de sus captores.

En Brasil, en 2011 Dilma Rousseff asume el poder, y en 2013 comienza a haber una serie de manifestaciones y disturbios para desestabilizar al país, las cuales logra controlar. Sin embargo, hacia 2015, acusaciones de corrupción que nunca fueron comprobadas y en donde hubo un proceso legal sumamente irregular, la llevaron a la destitución hacia 2016, con lo que Michel Temer (el vicepresidente) asume el poder, realiza una regresión acelerada al neoliberalismo, y genera las condiciones para el ascenso del fascista Jair Bolsonaro a la Presidencia de Brasil.

En Venezuela nuevamente, tras el fallecimiento de Chávez y la victoria de Nicolás Maduro en 2013, y un año después, en 2014, comenzó la insurrección de las Guarimbas de la mano de Leopoldo López, con lo cual sectores de la derecha y la ultraderecha querían desestabilizar Venezuela. Más adelante, en 2016 la Asamblea Nacional se declaró en desacato tras la destitución de algunos diputados por irregularidades en su elección, lo que permitió, a su vez, la incubación y el ascenso de Juan Guaidó, primero, como líder opositor, y después, como autonombrado Presidente de Venezuela.

¿Qué tienen en común estos procesos históricos? Dos cosas: que se han presentado en todos los casos en los primeros años de gobiernos progresistas o de Izquierda, y que en todos, indiscutiblemente, ha estado la mano de USA por medio de su brazo desestabilizador, la CIA.

Es precisamente por esto que Evo Morales ha definido estos procesos en una sola frase: *"El único país que puede estar seguro de que nunca va a tener golpes de estado es Estados Unidos, porque no tiene embajada estadounidense."*

El día de hoy, el Presidente de México Andrés Manuel López Obrador hace una mención, por primera vez, a un probable Golpe de Estado en México, al mencionar que *"la transformación que encabezo cuenta con el respaldo de una mayoría libre y consciente, justa y amante de la legalidad y de la paz, que no permitiría otro golpe de Estado en nuestro país. Aquí no hay la más mínima oportunidad para los Huertas, los Francos, los Hitler o los Pinochet. El México de hoy no es tierra fértil para el genocidio ni para canallas que lo imploren "*.

Si bien es cierto, diversas figuras de la 4T ya habían comentado con anterioridad la posibilidad de una situación así (Paco Ignacio Taibo, John Ackerman, Pedro Salmerón, entre otros), lo cierto es que el Presidente nunca había hablado de este tema. No al menos de forma pública y abierta.

Debido a los antecedentes que existen en América Latina, no es de descartar una situación así. Eso explicaría también por qué López Obrador ha optado por tener un control estricto de todas las instituciones conformantes del Estado. No es autoritarismo, como lo ha señalado la derecha, sino es una garantía de estabilidad política.

Si bien es cierto que no puede ignorarse un señalamiento así (porque cuando el río suena, es porque agua lleva), también existe un gran respaldo popular a las acciones que lleva a cabo Andrés Manuel. Así, ese respaldo popular tendrá que convertirse, llegado el momento, en defensa y resistencia ante los embates golpistas que seguramente ya están rondando por nuestro país.

Entonces, tendremos que salir a las calles, y defender a nuestro gobierno y a nuestro derecho a gobernarnos a nosotros mismos, a decidir nuestro propio destino. A defender el nuevo destino que tiene nuestro país, porque el viejo régimen ya no existe, y las cosas jamás podrán volver a ser como antes. Aunque la derecha lo añore.

El campo de batalla

Publicado el 09 de noviembre de 2019

En estos días, en América Latina estamos viviendo un fenómeno sumamente peculiar, pero de una gran trascendencia hacia el futuro. Estamos siendo testigos de cómo se están disputando, en elecciones, en los Congresos, en medios de comunicación, en las calles, dos proyectos completamente distintos y contrapuestos.

Por una parte, la visión de siempre, caracterizada por el intervencionismo estadounidense, que se ha manifestado implícitamente a lo largo de décadas a través de las políticas neoliberales en nuestros países, y por la otra, los proyectos nacionales de autodeterminación y autogestión que el Pueblo ha impulsado a través de los gobiernos progresistas a lo largo del continente.

Al día de hoy, existen varios frentes abiertos, en distintos países, donde se está presentando esta dinámica.

Si bien es cierto que en Ecuador llegó una calma relativa tras la derogación del decreto 883, la persecución judicial de la que está siendo objeto el ex-Presidente Rafael Correa puede generar reactivar el movimiento latente en contra del Presidente Lenin Moreno.

En Chile, los ánimos no se han tranquilizado y por el contrario, a pesar de que el Presidente Sebastián Piñera pidió la renuncia de su gabinete, la gente no ha dejado de salir a las calles exigiendo su renuncia. Las manifestaciones y los enfrentamientos son cotidianos, y no se le ve otra salida a la crisis que no sea la renuncia del pinochetista y neoliberal Piñera.

En Brasil, un juez determinó la liberación de los presos políticos, y Lula Da Silva quedó libre, tras el injusto encierro que tuvo debido a la persecución política que llevó a cabo el ex-Presidente Michel Temer en contra de todo el Partido de los Trabajadores (PT), donde miles de personas acudieron para recibirlo en libertad. En ese entendido, la liberación de Lula ha encendido una luz al final del túnel, contra el fascismo del ultraderechista Jair Bolsonaro, que no ha tenido contemplaciones en limitar derechos, profundizar el neoliberalismo y acabar con el Amazonas.

En Bolivia, los aires golpistas se asomaron desde el 20 de octubre, fecha en la que se llevó a cabo la elección presidencial en dicho país, debido a que la oposición no aceptó los resultados (tampoco aceptó la auditoría de la OEA, órgano servil a USA, cabe señalar), y ha iniciado un golpe de Estado en contra de Evo Morales, Presidente electo en dicho país, con el apoyo de los sectores más reaccionarios, y de los separatistas que estuvieron pasivos durante mucho tiempo.

En Argentina, el triunfo de Alberto Fernández el 27 de octubre frente al fracaso del gobierno neoliberal de Macri, de la mano de la ex-Presidente Cristina Fernández (ahora vicepresidente), hablan precisamente de un nuevo giro en la región hacia la Izquierda.

¿Qué tienen en común estos procesos?

1. Un gran respaldo popular a los candidatos y/o gobiernos de Izquierda;

2. Una insurrección popular en contra de los gobiernos neoliberales;

3. Una peculiar línea editorial uniforme por parte de los corporativos mediáticos, dependiendo el caso:

   (1) En el caso de los gobiernos derechistas, un apoyo irrestricto a dichos gobiernos, así como satanización de los movimientos sociales existentes en las calles y/o de las candidaturas progresistas;

   (2) En el caso de los gobiernos de Izquierda, un bombardeo constante en contra del Gobierno, posicionando el discurso hegemónico.

4. Apoyo irrestricto de las oligarquías locales a los gobiernos de derecha, y a las acciones contra gobiernos de Izquierda.

En México, en las últimas semanas se ha incrementado notablemente la ofensiva mediática en contra del gobierno de Andrés Manuel López Obrador. No es la única vía.

Operaciones tácticas de dudoso origen, como el operativo en Culiacán, o el asesinato de miembros de la familia Le Barón, bien podrían ser clasificadas como acciones de guerrilla asimétrica con el fin de desestabilizar al gobierno de López Obrador, debido a las características que han tenido, además de que hubo eventos previos donde hubo presencia de funcionarios estadounidenses, pese a las posteriores negativas y desmentidos.

De cualquier forma, el último evento reveló la amenaza de invasión a nuestro país por parte del ejército de Estados Unidos, y ha estado latente desde la semana pasada, la cual ha sido matizada diplomáticamente por el Presidente Donald Trump, pero finalmente lo ha dejado claro.

Adicionalmente, la infiltración de sectores opuestos al gobierno en diferentes estructuras, o bien, la coacción de algunos dirigentes por parte de los poderes fácticos que buscan mantener el *status quo*, ha sido constante en las últimas semanas. De forma cada vez más descarada, se busca desacreditar al actual gobierno y la aplicación de sus políticas públicas bajo la máscara de "defender al proyecto" e "impedir que se siga haciendo lo mismo de siempre". Nada más falso que eso.

A base de mentiras, manipulación, y con el apoyo mediático que les pueden dar los poderes fácticos, lobos con piel de oveja buscan meter al descrédito público y al escarnio popular a servidores públicos que están realizando su labor y sus tareas en el ejercicio público de forma distinta a lo que los intereses de siempre quieren, que están realizando un cambio en la forma de hacer política, que están llevando a cabo la transformación que prometió nuestro Presidente.

Estos lobos con piel de oveja son los más peligrosos, pues en realidad engañan con banderas falsas a sus seguidores, trabajan para fines no muy claros (o más bien dicho, bastante claros), y realizan sus actos con dos fines: el protagonismo banal e inmediato, y el buscar el poder por el poder para que, ellos sí, sigan reproduciendo los mismos vicios de la política de siempre.

Sin embargo, sirven a los intereses que buscan impedir la consolidación de la Cuarta Transformación, y lo que ello representa. Sirven a los intereses de la derecha, de la oligarquía, de la embestida mediática, de los poderes fácticos, de la dominación imperial, de los intereses que buscan la desestabilización del actual Gobierno de México. Son arietes voluntarios o involuntarios de tales fines.

Hoy, América Latina es un campo de batalla. Pero al final, solo existe un juicio: el de la Historia. Y a todos la Historia nos juzgará, o nos absolverá. Cada cosa cae por su propio peso, y el tiempo pone todas las cosas en su lugar. Y estoy seguro de que, pase lo que pase, estamos del lado correcto de la Historia.

Lecciones desde Bolivia

Publicado el 10 de noviembre de 2019

Recién el día de ayer, mencionaba que actualmente tenemos un campo de batalla en América Latina. Hoy lo confirmamos.

La renuncia de Evo Morales no se da por voluntad propia. No se ha debido tampoco a un proceso revolucionario del pueblo boliviano contra una tiranía. Por el contrario: se debe a una acción militar y policial concertada, en la cual el Presidente Morales fue obligado a abandonar el cargo tras la presión constante de la derecha boliviana, a la cual no le interesó nunca el proceso el proceso electoral que culminó el pasado 20 de octubre, sino de tomar por asalto el poder en Bolivia a costa de lo que sea.

Cabe señalar que Evo, en todo momento, intentó salvaguardar el proceso democrático: aceptó la auditoría de la OEA (organismo supranacional títere de los estadounidenses), convocó a nuevas elecciones, y dimitió obligado para que no hubiera más derramamiento de sangre. La oposición fue, quien en todo momento, se opuso a todas las medidas antes mencionadas.

Como sucedió a lo largo del Siglo XX en América Latina, los golpes de Estado no vienen solos. Siempre van de la mano de la CIA y de USA. No en balde el propio Morales dijo en varias ocasiones que *«el único país que puede estar seguro de que nunca va a tener golpes de estado es Estados Unidos, porque no tiene embajada estadounidense».*

Por supuesto, siempre acompañan este tipo de acciones las derechas entreguistas, las oligarquías locales, y toda una embestida mediática por parte de los grandes corporativos informativos que se convierten en cómplices, los cuales tienen una línea editorial única, impuesta desde Washington, y buscan desacreditar cualquier voz disidente en este proceso.

Desde hace años llevo escribiendo sobre la puesta en marcha de un Plan Cóndor 2 (al que denominé *Plan Condor reloaded*), que tiene como finalidad última acabar con todos los movimientos sociales y gobiernos progresistas de la región.

Las lecciones que nos llegan desde Bolivia para el caso mexicano (y no sólo desde ahí, sino que es un *modus operandi* en general que ha sido aplicado en varios países), son varias:

1. Los gringos nunca serán amigos. No importa cuándo leas esto;
2. Cualquier gobierno de Izquierda que apoye a los pobres y someta a la oligarquía siempre será susceptible de sufrir un golpe de Estado;
3. No importa el tiempo que se tarden en configurar el golpe de Estado, ya sea blando o tradicional. Siempre lo intentarán, indiscutiblemente;
4. Cualquier proceso electoral en un gobierno de Izquierda siempre podrá ser ocupado por la derecha para cuestionar la legitimidad del sistema democrático de cualquier país;

5. No importa el respaldo popular que se tenga: Evo Morales ganó su última reelección con el 47.08%, y sin embargo, esto no fue obstáculo para que la derecha continuara con su golpe de Estado que había fraguado semanas antes;

6. Cualquier proceso golpista debe contar siempre con el respaldo irrestricto de los corporativos mediáticos, quienes utilizan sus herramientas favoritas (desinformación y manipulación) para cambiar la perspectiva de la población. Hacen amar al opresor sobre el oprimido; y

7. Siempre habrá infiltrados en todos los procesos revolucionarios (nos lo demostró Brasil, nos lo confirmó Ecuador, y lo estamos viviendo en México), que a nombre de la Revolución trabajan con los poderes fácticos, y se vuelven colaboracionistas con los intereses de estos poderes, debido a su propia ambición personal.

Es importante aprender bien estas lecciones, pues en México muchas compañeras y compañeros no han entendido ni dimensionado nuestro papel en la Historia, y el papel importantísimo que tienen en este proceso de transformación que estamos viviendo.

Por el momento, el Gobierno de México si lo ha hecho, y se ha pronunciado en contra del golpe de Estado en Bolivia, y ha ofrecido asilo político al ex-Presidente Evo Morales. Sin embargo, desde Bolivia han alertado que la policía quiere encarcelar a Evo, y más que otra cosa, en este momento la prioridad debe ser salvaguardar la integridad de Morales y de muchos dirigentes del Movimiento al Socialismo.

El fascismo extiende sus fauces hacia Bolivia, la derecha en América Latina está de manteles largos, los neoliberales se frotan ya las manos, y en Washington festejan una gran victoria (para ellos). Se recrudecerá el campo de batalla que actualmente es Latinoamérica, donde efectivamente, los dos proyectos (el imperialista y el autogestivo) se están enfrentando cara a cara y de forma brutal, y donde está en juego no solo las soberanías nacionales, sino los recursos naturales, geopolíticos y estratégicos.

El Siglo XXI latinoamericano se está configurando como una lucha entre la independencia real de los Pueblos, y el sometimiento ante los intereses trasnacionales imperialistas. Esas son las lecciones que nos deja, desde Bolivia, el *Otoño Latinoamericano* para la reflexión y el aprendizaje.

De nosotros depende repetir o no, en México, la Historia en forma de tragedia o de farsa.

El peligroso fantasma golpista

Publicado el 30 de agosto de 2020

El pasado viernes 29 de agosto, el Presidente de México, Andrés Manuel López Obrador, sorpresivamente presentó durante la conferencia mañanera una lista de ONG's "ambientalistas", "indígenas" y de "protección de derechos humanos", así como medios de comunicación que se oponen a la construcción del Tren Maya, y reciben financiamiento extranjero para realizar sus actividades políticas.

Curiosamente, la noticia pasó desapercibida. Nadie le tomó importancia. Eso sí, de inmediato, actores políticos e intelectuales orgánicos de la derecha se lanzaron contra el Presidente muy a su clásico estilo de victimizarse, acusando "una nueva embestida en contra de las OSC". Y no es para menos: López Obrador exhibió a los titiriteros, al poder detrás del trono de estas "Organizaciones de la Sociedad Civil", que de civil solo tienen el nombre, pues es gracias al apoyo y financiamiento recibido, que han podido elaborar una estrategia de acciones legales y campañas en medios y redes sociales.

Entre las organizaciones y medios exhibidos, destacan:

- **Consejo Regional Indígena y Popular Xpujil (CRIPX)**, encabezada por Alfredo López Díaz;
- **Diálogo y Movimiento (DIMO)**, de Artemia Fabre Zarandona (Doctora en Ciencias Antropológicas por la UNAM);

- **Indignación, Promoción y Defensa de los Derechos Humanos, A.C.**, encabezada por Raúl Lugo Rodríguez (Licenciado por el Pontificio Instituto Bíblico de Roma y sacerdote de la Arquidiócesis de Yucatán desde 1982);

- **Centro Civil Mexicano para la Silvicultura Sostenible (CCMSS)**, presidida por Sergio Madrid (Ingeniero Agrónomo por la UAM);

- **Centro Mexicano de Derecho Ambiental (CEMDA)**, encabezada por María Eugenia De la Fuente (Maestra en Derecho de los Negocios con acentuación ambiental en The London School of Economics and Political Science, UK), destacando en su Consejo Directivo, además, Carlos Ortiz Mena (empleado en Servicios Administrativos Fresnillo, S.A. de C.V. de la Empresa Industria Peñoles, integrante de Grupo BAL, de Alberto Baillères, y familiar de Antonio Ortiz Mena, Secretario de Hacienda de 1958 a 1970, quien fuera líder moral de los tecnócratas neoliberales de los 80's);

- **Mexicanos contra la Corrupción y la Impunidad (MCCI)**, de María Amparo Casar (Doctora en Ciencias Políticas y Sociales por la University of Cambridge, King's College, además de ser miembro del Comité Editorial de la Revista NEXOS, y fungió como Coordinadora de Asesores del Secretario de Gobernación de diciembre de 2001 a junio de 2005, durante el sexenio de Vicente Fox);

- **México Evalúa**, presidida por Luis Rubio (Doctor en Ciencia Política en la Brandeis University, entre su currículum destaca la publicación de una columna semanal en *Reforma*, asegurando que "sus opiniones aparecen con frecuencia en The Washington Post, The Wall Street Journal y The Financial Times", es miembro del consejo de dos familias de fondos de inversión y de Coca Cola FEMSA, en los años 70 fue director de planeación de Citibank y fue asesor del Secretario de Hacienda, y aquí viene lo más interesante: es miembro de la Comisión Trilateral (del Grupo Bildelberg);

- **Animal Político**, encabezado por Gerardo Márquez Camacho (dueño de Editorial Criterio y de constructoras en Hidalgo, y cercano a Miguel Ángel Osorio Chong, ex-Secretario de Gobernación durante el sexenio de Enrique Peña Nieto); y

- **Fundación Debido Proceso (DPLF)**, una organización con sede en Washington y presidida por la mexicana Fernanda Hopenhaym, Maestra en Estudios Latinoamericanos por la UNAM.

Por su parte, entre la lista de los entusiastas aportadores económicos de estas organizaciones se encuentra:

- **Fundación Kellogg's**, fundada por Will Keith Kellogg, de la empresa Kellogg's, que en palabras de Jesús Ramírez, vocero de la Presidencia de la República, *vende Corn Flakes y algunos tipos de alimentos de la mañana, Frutti Lupis y demás;*

- **Fundación Ford**, fundada por Edsel Bryant Ford y Henry Ford, de la empresa Ford Motor Company, segundo mayor fabricante de automóviles de Estados Unidos;

- **Climate Works Foundation**, una organización que se define como sin fines de lucro, que el New York Times definió como "una fundación de mil millones de dólares que busca frenar el cambio climático" presidida por Hal Harvey, que entre su currículum destaca ser miembro de la Junta Directiva de Fifth Third Bank, y Presidente de la junta directiva de MB Financial Corporation;

- **National Endowment for Democracy (NED), en español: Fundación Nacional para la Democracia**, organización estadounidense fundada en 1983 por el Presidente Ronald Reagan, para contribuir a la lucha anticomunista durante la Guerra Fría, financiada principalmente por la *Central Intelligence Agency* (CIA), y dependiente del Departamento de Estado de Estados Unidos; y

- **Rockefeller Brothers Fund**, fundada por David Rockefeller, Nelson Rockefeller, Laurance Rockefeller, John D. Rockefeller III, y Winthrop Rockefeller, banqueros y petroleros estadounidenses, con una de las mayores fortunas en todo el mundo, cuya misión declarada es "promover el cambio social que contribuya a un mundo más justo, sostenible y pacífico", y donde colaboró (o probablemente continúa colaborando) Henry Kissinger, quien fuera uno de los principales operadores de los grandes golpes de Estado en América Latina en contra de gobiernos progresistas.

De acuerdo al documento presentado por López Obrador, el financiamiento fue distribuido de la siguiente forma:

Periodo	OSC	Fundación Kellogg	Fundació n Ford	Climate Works Foundation	NED	Rockefeller Brothers Fund	Total ($USD)
2006-2022	CCMSS	350.000	3.575.000	3.800.000	0	0	7.725.000
2006-2022	DPLF	1.503.789	545.000	0	356.800	0	2.405.589
2016-2021	CEMDA	1.300.000	0	0	0	0	1.300.000
2016-2020	Animal Político	213.751	490.000	0	0	0	703.751
2013-2022	Indignación	620.570	0	0	0	0	620.570
2006-2022	CRIPX	565.377	0	0	0	0	567.377
2016-2021	DIMO	280.000	0	0	140.580	0	420.580
2018-2020	MCCI	0	220.000	0	90.000	25.000	335.000
2019	México Evalúa	0	0	0	85.000	0	85.000
2006-2022	TOTAL	4.833.487	4.830.000	3.800.000	672.380	25.000	14.160.867

El documento íntegro presentado por López Obrador es el siguiente:

Financiamiento de OSC opositoras al Tren Maya

Desde su anuncio durante la campaña electoral de 2018, el Tren Maya ha estado inmerso en diversas críticas y cuestionamientos de parte de Organizaciones de la Sociedad Civil (OSC) respecto al trazado del recorrido, el impacto ambiental, los beneficios o perjuicios para las comunidades indígenas y las consultas realizadas por el Gobierno de México.

Al menos 24 OSC han manifestado su oposición al proyecto, pero destacan 9 por su capacidad de incidencia a través de acciones legales y campañas en medios y redes sociales.

OSC opositoras al Tren Maya con mayor incidencia

Organización	Tramo del Tren	Acciones emprendidas
Consejo Regional Indígena y Popular Xpujil (CRIPX)	Tramo 7	Responsables de interponer un amparo contra el Tren Maya en Calakmul, Campeche, el 6 de enero de 2020, el cual tuvo como resultado una suspensión definitiva contra los trabajos del proyecto en dicho municipio el 5 de marzo.
Diálogo y Movimiento (DIMO)		Ambas han expresado que presentarán amparos en contra de todo el proyecto y no solo en un tramo.
Indignación, Promoción y Defensa de los Derechos Humanos	Tramo 1	Promovente del amparo contra los trabajos del Tren Maya en Palenque, Ocosingo y Salto del Agua, en Chiapas, del 7 de mayo de 2020, el cual concluyó con la suspensión-definitiva otorgada el 22 de junio. También ha expresado que presentará amparos en contra de todo el proyecto y no solo en un tramo.
Centro Civil Mexicano para la Silvicultura Sostenible (CCMSS)	Proyecto en general	Solicitó a la Comisión Interamericana de Derechos Humanos (CIDH) que estableciera medidas cautelares en contra de la construcción del Tren Maya para proteger el acuífero de la Península de Yucatán en mayo de 2020.

Organización	Tramo del Tren	Acciones emprendidas
Centro Mexicano de Derecho Ambiental (CEMDA)	Proyecto en general	Brinda asesoría legal a otras organizaciones y grupos sociales que se oponen tanto al Tren Maya como a la refinería de Dos Bocas.
Mexicanos Contra la Corrupción y la Impunidad (MCCI)	Proyecto en general	Realiza investigaciones que buscan documentar irregularidades o identificar vulnerabilidades al proyecto del Tren Maya para confrontar a las autoridades en medios digitales.
México Evalúa	Proyecto en general	Realiza investigaciones que buscan documentar irregularidades o identificar vulnerabilidades al proyecto del Tren Maya para confrontar a las autoridades en medios digitales.
Animal Político	Proyecto en general	Difunde investigaciones, reportajes y opiniones de organizaciones y personas opositoras al Tren Maya.
Fundación para el Debido Proceso (DPLF)	Proyecto en general	Promueve una iniciativa de colaboración entre OSC locales para consolidar un consorcio de organizaciones que trabajen en distintos ámbitos de la procuración y el acceso a la justicia para poblaciones indígenas. Brinda asesoría a DIMO.

Financiamiento de fundaciones extranjeras a OSC

Además de tener capacidad de incidencia relevante, estas 9 OSC se caracterizan por recibir financiamiento de, al menos, 5 fundaciones estadounidenses, que les han proporcionado cerca de 14 millones de dólares desde 2006.

Los financiamientos de estas fundaciones están dirigidos a impulsar programas de organización comunitaria, acceso a la justicia y promoción de los derechos humanos de los pueblos indígenas y, aunque ninguna se ha pronunciado en contra del Tren Maya, las OSC que financian sí actúan en contra del proyecto.

Entre las fundaciones destacan la Fundación Kellogg, la Fundación Ford y el Fondo Nacional por la Democracia (NED por sus siglas en inglés), financiado por el Congreso de Estados Unidos, ya que son las que financiaron a las OSC que obtuvieron las suspensiones provisionales del proyecto en Palenque (Tramo 1) y Calakmul (Tramo 7), así como a la OSC que solicitó medidas cautelares ante la CIDH.

Con vínculos más limitados, pero no menos importantes, se encuentran la Fundacion ClimateWorks, la cual le ha dado casi 4 millones de dólares al Centro Civil Mexicano para la Silvicultura Sostenible (CCMSS) en 14 años; así como el Fondo Rockefeller Brothers, que le dio 25 mil dólares a Mexicanos Contra la Corrupción y la Impunidad (MCCI) entre 2018 y 2020.

En la siguiente tabla, se pueden observar los montos que cada fundación le ha dado a las OSC que se han pronunciado en contra del Tren Maya:

Periodo	OSC	Fundación Kellogg	Fundación Ford	ClimateWorks Foundation	NED	Rockefeller Brothers Fund	Total ($ USD)
2006-2020	CCMSS	350,000	3,575,000	3,800,000	N/A	N/A	7,725,000
2006-2022	DPLF	1,503,789	545,000	N/A	356,800	N/A	2,405,589
2016-2021	CEMDA	1,300,000	N/A	N/A	N/A	N/A	1,300,000
2016-2020	Animal Político	213,751	490,000	N/A	N/A	N/A	703,751
2013-2022	Indignación	620,570	N/A	N/A	N/A	N/A	620,570
2011-2021	CRIPX	565,377	N/A	N/A	N/A	N/A	565,377
2016-2021	DIMO	280,000	N/A	N/A	140,580	N/A	420,580
2018-2020	MCCI	N/A	220,000	N/A	90,000	25,000	335,000
2019	México Evalúa	N/A	N/A	N/A	85,000	N/A	85,000
2006-2022	Total	4,833,487	4,830,000	3,800,000	672,380	25,000	14,160,867

Finalmente, como se puede apreciar en la siguiente gráfica, se debe dar puntual seguimiento a las actividades de CCMSS, DPLF, CEMDA, Indignación y CRIPX, ya que son las OSC que tienen la mayor experiencia en la obtención de financiamiento internacional. Asimismo, es conveniente continuar el análisis de las fundaciones Kellogg, Ford y NED, a fin de identificar si otras OSC que reciben financiamiento de ellas podrían formar parte o unirse a la oposición al Tren Maya.

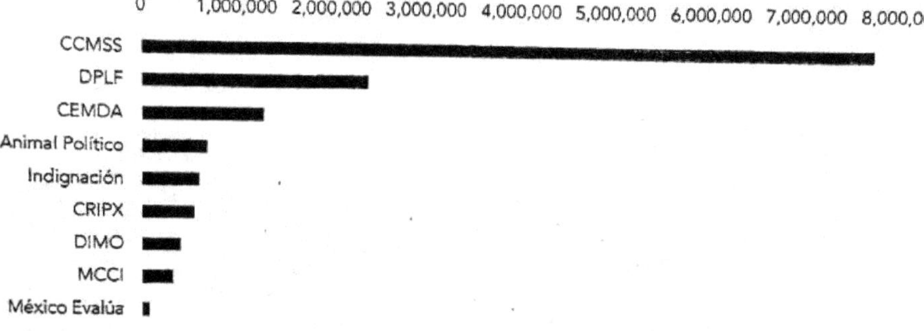

A diferencia de lo asegurado por la derecha mexicana, los implicados tanto en financiar como en recibir dinero, no son blancas palomas, sino todo lo contrario: representan a la parte más oscura y siniestra de la derecha mexicana y, por otra parte, los subvencionistas representan a aquellos actores que se han caracterizado por impulsar, financiar y operar golpes de Estado en contra de gobiernos progresistas. Y, además, con el mismo *modus operandi*.

En la década de los 70's y parte de los 80's, Estados Unidos financió el Plan Cóndor por medio de la CIA, entre otras situaciones, consumar el golpe de Estado contra Salvador Allende en Chile, en 1973, financiando medios de comunicación opositores como "El Mercurio", imponiendo además un régimen militar encabezado por Augusto Pinochet, que sirvió además para implementar y profundizar el modelo neoliberal. Al respecto, el 16 de septiembre de 1973, después de que Pinochet había tomado el poder, ocurrió la siguiente conversación entre Henry Kissinger (consejero de Seguridad Nacional y si: el mismo de la Fundación Rockefeller que ahora financia 'Mexicanos contra la Corrupción') y el presidente Richard Nixon:

Nixon: ¿Nada nuevo de importancia o sí?

Kissinger: Nada de mucha consecuencia. El asunto chileno se está consolidando y por supuesto, los periódicos sangran porque han derrocado un gobierno procomunista.

Nixon: No es algo. No es algo

Kissinger: Quiero decir, en vez de celebrar: en el período Eisenhower seríamos héroes.

Nixon: Bien, no lo hicimos —como usted sabe— nuestra mano no aparece en esto.

Kissinger: No lo hicimos. Quiero decir, les ayudamos. [confuso] Creamos las condiciones tan grandes como fueran posibles.

Nixon: Es correcto. Y es el modo en que esto se va a jugar.

Pero no fue la única dictadura militar que impulsó Estados Unidos: fue aplicada la misma receta en Argentina, Brasil, Paraguay, Uruguay, Bolivia y, esporádicamente, en Perú, Colombia, Venezuela, y Ecuador.

Así mismo, la CIA participó en la creación de guerrillas paramilitares en los 80's en Centroamérica. Y más recientemente, apoyó en la realización de la guerra asimétrica en contra de la Revolución Bolivariana y el régimen chavista en Venezuela, financiando las *Guarimbas*, y a títeres como Leopoldo López o Juan Guaidó; operar el golpe de Estado contra Evo, imponiendo a Añez en Bolivia en 2019; maniobrar el 2010 en el intento de golpe de Estado contra Correa en Ecuador en 2010; y tantos y tantos ejemplos que podemos mencionar, que bien podría hacerse un manual o un catálogo respecto a la injerencia imperialista estadounidense en América Latina durante el Siglo XX y lo que llevamos del XXI.

Hay que mantener cautela respecto al financiamiento del extranjero que están recibiendo ONG's, medios de comunicación, periodistas opositores, actores políticos de derecha, e intelectuales orgánicos en el país, pues esta lista que dio a conocer López Obrador únicamente comprende el financiamiento de acciones en contra del Tren Maya, pero seguramente, habrá más financiamiento para otros rubros y por parte de entes más oscuros aún.

Sin embargo, a pesar del injerencismo estadounidense existente, sería mejor para el gobierno encabezado por López Obrador la reelección de Trump que el triunfo de los Demócratas, pues estos últimos, los Demócratas, tiene muchos nexos con la derecha mexicana y con el panismo en general, y no dudarán en financiar acciones desestabilizadoras y subversivas contra el actual gobierno de forma más abierta y generosa.

El fantasma del golpismo contra gobiernos progresistas vuelve a asomarse de forma peligrosa. Sin embargo, el Presidente Andrés Manuel se ha encargado de develar sus intenciones. Falta ver si esto disiparán o profundizarán los planes abiertamente subversivos de la derecha contra nuestro Gobierno. Y del Pueblo dependerá defenderlo llegado el momento.

El golpe mediático-informático

Publicado el 10 de enero de 2021

El pasado 6 de enero, el día que el Congreso de Estados Unidos erigido como Colegio Electoral, tenía que validar la elección del Presidente de Estados Unidos. Ese día también, grupos Pro-Trump tomaron el Capitolio mientras la Guardia Nacional poco hizo para detenerlos, y se estableció el precedente del primer intento de golpe de Estado en Estados Unidos (los memes dijeron que, por la pandemia, los estadounidenses decidieron hacer Home Office).

De inmediato, los grandes medios de comunicación (CNN, Fox, NBC, Disney, The New York Times, The Washington Post) arremetieron contra Donald Trump en un juicio mediático con precedentes (con precedentes, porque en México hemos vivido al menos tres hechos similares: en 1999, tras el asesinato de Paco Stanley, las grandes televisoras como Televisa y TV Azteca pidieron en cadena nacional la renuncia del entonces Jefe de Gobierno del Distrito Federal, Cuauhtémoc Cárdenas; en 2003, tras el linchamiento en Tláhuac, los medios exigieron la renuncia de Marcelo Ebrard, entonces Secretario de Seguridad Pública; y recientemente, a finales de 2020, diferentes medios pasquineros encabezados por Reforma, El Universal, Imagen y Latinus exigieron la renuncia del Secretario de Salud federal, Hugo López Gatell, tras unas fotografías en un restaurante en la playa en Zipolite, Oaxaca), y hasta exigieron la aplicación de la enmienda 25 en su contra. Es decir, la sustitución de un Jefe de Estado, por no coincidir con los intereses creados de nuestro vecino del Norte.

No solo hubo el linchamiento mediático. De inmediato, las redes sociales predominantes en el mundo occidental, como Facebook, Twitter, YouTube (propiedad de Google) e Instagram (propiedad de Facebook) realizaron un bloqueo temporal en contra de Trump de sus perfiles. Más adelante, Twitter tomó una decisión más radical: bloquear definitivamente la cuenta del todavía Presidente de USA.

En su carta-justificación, Mark Zuckerberg, propietario de Facebook, justificó la censura porque, desde su óptica, Trump realizaba actos "para incitar a la insurrección violenta contra un gobierno democráticamente elegido". Sin embargo, Facebook fue determinante para que, en Egipto, durante la Primavera Árabe, pudiera caer el régimen títere de Hosni Mubarak en 2011; Facebook y Twitter (además del patrocinio de las petroleras francesas, estadounidenses y británicas, del que hemos hablado ampliamente en este blog), determinantes para que cayera el régimen comunista de Muammar Al Gaddafi en Libia en ese mismo año; nuevamente Facebook y Twitter en los intentos golpistas contra el régimen post-chavista de Nicolás Maduro en Venezuela, o el papel determinante que tuvieron las redes sociales en el golpe de Estado en Bolivia en 2019 en contra de Evo Morales, en el cual también participó Elon Musk, propietario de Tesla.

No estamos hablando de un hecho cualquiera: estamos hablando de un hecho que ante millones de televidentes en todo el mundo, ante millones de usuarios de las redes sociales en todo el mundo, se realizó un juicio mediático en contra de un Jefe de Estado, el Presidente del país más poderoso, Estados Unidos, se tergiversaron los hechos para presentar una realidad distinta, y se justificó la censura hacia una persona que no coincide con los designios de la oligarquía estadounidense, las grandes corporaciones mediáticas, las grandes trasnacionales, los grandes bancos y corporaciones financieras, la industria armamentista, todo en su conjunto, que también son los que encumbraron y apoyaron a Joe Biden para ser Presidente de USA.

No fue tampoco la primera ocasión en que lo hicieron. El día de la elección, el 3 de noviembre de 2020, las grandes cadenas televisivas interrumpieron el discurso de Donald Trump cuando realizó las acusaciones de fraude en su contra, y lo justificaron con una "falta de certeza" e, incluso, lo acusaron de mentir, cuando existen muchos hechos plenamente documentados en que estas mismas televisoras han mentido e influido para que gran parte de la población tenga una opinión sesgada con relación a varios hechos históricos. Por ejemplo, la difusión de "información" de creación de armas químicas y nucleares para justificar la invasión a Iraq en 2002, que nunca fueron encontradas, o la manipulación de hechos con relación al 11 de septiembre por parte de las mismas corporaciones mediáticas.

No se trata de defender a Donald Trump a capa y espada. Se trata de defender uno de nuestros grandes derechos, la libertad de expresión en toda su dimensión. Se trata de dimensionar el gran poder que han logrado acaparar las redes sociales del GAFAT, como Alfredo Jalife lo ha definido (Google, Amazon, Facebook, Apple y Twitter), y de cómo han logrado generar una alianza con los medios de comunicación convencionales (principalmente las grandes cadenas de televisión), para acallar una voz disidente e invisibilizarla. Lo mismo que, por cierto, hicieron con López Obrador desde 2006, durante todo el sexenio de Felipe Calderón y de Peña Nieto.

Es evidente que la oligarquía gringa y la élite empresarial, mediante los medios de comunicación y redes sociales crearon un grave precedente: el primer golpe de Estado informático-mediático contra el Presidente actual de USA, Donald Trump, con una censura justificada ante la opinión pública como un "riesgo para la democracia estadounidense". Y es una fórmula que han ido ensayando desde 2011, con la Primavera Árabe, que cada vez va siendo perfeccionada, generando mecanismos de control y difusión controlada y manipulada de la información, en beneficio de sus propios intereses. Las redes sociales, con su recién inaugurada alianza con los medios de comunicación convencionales, se han convertido en juez y parte, y se han fusionado en el Cuarto Poder, erigiéndose como contrapoder al Estado.

Ahora, más que nunca, toman mucho sentido las palabras con las que Rafael Correa definió la libertad de expresión, al afirmar que "desde que se inventó la imprenta, la libertad de prensa es la voluntad del dueño de la imprenta". Hoy, los dueños de la imprenta son Twitter, Facebook y Google.

Ante la celebración masiva de la censura contra Trump, hay que tener mesura, cautela, cuidado, pues la misma receta que aplican con Donald Trump, después la querrán aplicar con los movimientos sociales, con el progresismo, con gobiernos no afines a sus intereses, tanto las redes sociales, como las corporaciones mediáticas globales o locales.

Ante la censura, no existe justificación alguna, pues como afirmó Voltaire, "no estoy de acuerdo con lo que dices, pero defenderé con mi vida tu derecho a decirlo". Si permitimos que la censura prospere, se vuelva hábito común contra las voces disidentes, después no habrá marcha atrás, pues al celebrarlo, justificarlo, convalidarlo, nos hacemos cómplices de la misma.

No a la censura, si a la libertad de expresión.

Mexicanos golpistas contra la Transformación

Publicado el 09 de mayo de 2021

El viernes pasado, durante su conferencia de prensa mañanera, nuestro Presidente Andrés Manuel López Obrador informó sobre distintas ONG's mexicanas, algunas de ellas políticas, que reciben financiamiento de parte de la Embajada de USA en México para realizar algunas de sus actividades en nuestro país. Una de ellas, es Mexicanos contra la Corrupción, de Claudio X. González.

Ya el año pasado, el Presidente López Obrador había señalado a diversas organizaciones que promovían amparos contra las obras del Tren Maya, entre ellas también aparecía Mexicanos contra la Corrupción (*El peligroso fantasma golpista*. Agosto 30, 2020), que recibió 90,000 USD de parte de la National Endowment for Democracy (NED), organización financiada por la CIA, dependiente del Departamento de Estado de Estados Unidos, de 2018 a 2020.

De acuerdo a lo presentado en la conferencia de prensa del pasado viernes 7 de abril, Mexicanos contra la Corrupción habría recibido 41 millones de pesos de 2018 a 2020 únicamente de la Embajada de USA en México, sin considerar a otras organizaciones que también destacan en la lista, como Pronatura México, con 52.8 mdp, Artículo 19, con 29.3 mdp, México Unido contra la Delincuencia, con 1.9 mdp, y Ciudadanos en Apoyo a los Derechos

Humanos, quien recibe el mayor financiamiento, con 63 mdp. En total, entre 18 organizaciones y algunas otras no enunciadas en el documento presentado que reciben donativos menores a $500,000, reciben en total 354.2 millones de pesos de la Embajada estadounidense en nuestro país.

Donaciones realizadas por la embajada de los Estados Unidos, 2018-2021

Millones de pesos

Emisor	Nombre	Total
Total		354.2
CAD931123Q11	CIUDADANOS EN APOYO A LOS DERECHOS HUMANOS	63.0
PME901002A23	PRONATURA MÉXICO	52.8
MVC151126K45	MEXICANOS VS CORRUPCIÓN E IMPUNIDAD	41.0
OCS090219PSA	OBSERVATORIO CIUDADANO DE SEGURIDAD , JUSTICIA Y LEGALIDAD	35.8
CGL080213CF7	CAMPAÑA GLOBAL POR LA LIBERTAD DE EXPRESION A19	29.3
AIE080626J70	AVANCE-ANÁLISIS, INVESTIGACIÓN Y ESTUDIOS PARA EL DESARROLLO	24.7
SDC970801TTA	SALUD Y DESARROLLO COMUNITARIO DE CIUDAD JUÁREZ	23.0
SJC131111AW0	SEGURIDAD Y JUSTICIA DE CIUDAD JUÁREZ	18.8
PSF791019SN6	PRO SUPERACIÓN FAMILIAR NEOLONESA	16.2
VED070626T26	VÍA EDUCACIÓN	11.6
ISD030414EM8	INSTITUTO PARA LA SEGURIDAD Y LA DEMOCRACIA	10.0
DAA100203QI4	DOCUMENTA. ANÁLISIS Y ACCIÓN PARA LA JUSTICIA SOCIAL	7.6
IMN561231SB5	INSTITUTO MEXICANO NORTEAMERICANO DE RELACIONES CULTURALES DE NUEVO LEÓN	7.2
KCU180613G99	KAREWA CUU	6.6
CRM6702109K6	CRUZ ROJA MEXICANA	1.9
MUD980326F64	MÉXICO UNIDO CONTRA LA DELINCUENCIA	1.3
ECO19020778A	ECOSISTEMA PARA LA CO-CREACIÓN DE OPORTUNIDADES	0.6
FUA140702SS4	FUNDACIÓN UNIVERSIDAD AUTÓNOMA CHAPINGO	0.5
	OTRAS DONACIONES MENORES A 500,000 PESOS.	2.4

¿Por qué es tan importante y alarmante que la Embajada de USA financie grupos u organizaciones políticas disfrazadas de ONG's en nuestro país? Porque durante la década de los 70's y 80's, Estados Unidos, desde sus embajadas, realizó diversos golpes de Estado en América Latina por medio de dos de sus estructuras creadas para tal fin: la CIA, y la Escuela de las Américas, asentada entonces en Panamá, y por medio de la cual operó el Plan Cóndor con el fin de acabar con la "amenaza comunista", y derrocar gobiernos progresistas financiando los principales y más sangrientos golpes de Estado en América Latina a lo largo de la Historia, y en particular desde el Siglo XX hasta nuestro siglo.

Bien lo dijo Evo Morales en 2010, cuando recibió el título Honoris Causa de la Universidad Nacional de San Juan y de la Universidad Nacional de Cuyo, de Mendoza, durante la 39º Cumbre del Mercosur: "Estados Unidos, mediante la embajada, impone condiciones, chantaje. Sólo no hay golpe en Estados Unidos porque ahí no hay embajador de Estados Unidos". Frase que se volvió premonitoria a lo que sufriría 9 años después en Bolivia, pues el golpe de Estado en su contra vino precisamente de la embajada estadounidense en su país.

No es el único caso. La embajada estadounidense apoyó política, financiera y, en algunos casos, militarmente, en los siguientes procesos políticos y sociales:

- En 1973, apoyó el golpe de Estado del general, y posteriormente dictador Augusto Pinochet contra el gobierno socialista de Salvador Allende, en Chile;
- En 2002, el golpe de Estado contra Hugo Chávez, en Venezuela;
- En 2010, el golpe de Estado contra Rafael Correa, en Ecuador, y contra Manuel Zelaya, en Honduras;
- En 2012, el golpe de Estado contra Fernando Lugo, en Paraguay;

- En 2016, el golpe de Estado legislativo (impeachment) contra Dilma Rousseff, en Brasil;
- En 2019, el golpe de Estado contra Evo Morales, en Bolivia.

Así mismo, a lo largo del Siglo XX y lo que llevamos del XXI, Estados Unidos, por medio de sus embajadas y la CIA, operó y financió guerrillas en Centroamérica y movimientos desestabilizadores, como las *Guarimbas* en Venezuela, con el fin de rehacerse el control geopolítico en la región, y mantener el poder en países estratégicos, como Colombia, Perú y Chile.

Cabe señalar que, para que pueda llevarse a cabo un golpe de Estado, deben crearse algunas condiciones previas, pues un gobierno con un gran respaldo popular no podría ser derrocado sin resistencia, no podría alterarse el orden establecido sin generar tales condiciones. Y hay dos factores aquí importantes que deben ser considerados: acontecimientos subversivos de gran impacto que generen un gran sentimiento antipopular contra el gobierno en turno, y los medios de comunicación convencionales, en manos de la oligarquía, la derecha, y los empresarios, los cuales son los encargados de generar la propaganda antigubernamental.

Señalaré un ejemplo: durante el gobierno de Salvador Allende, de 1970 a 1973, desde el primer año de gobierno, comenzó a haber huelgas y movimientos sociales que nunca antes se habían inconformado con los gobiernos de derecha que había gobernado el país, en particular después de la nacionalización del cobre. Así mismo, la CIA había financiado a los opositores de Salvador Allende en todas las elecciones en las que se presentó, con tal de que no ganara, y una vez que ganó, financió medios de comunicación opositores como *El Mercurio*, donde todos los días publicaban notas propagandísticas contra el gobierno, con el fin de generar animadversión entre la población.

En Venezuela, mientras la embajada estadounidense y la CIA financiaron en varias ocasiones a la oposición (que en ocasiones se han convertido en guerrillas paramilitares, como en el caso de las *Guarimbas*), por el otro lado, medios como Globovisión y Radio Caracas Televisión (RCTV) generaron propaganda antigubernamental y, en su momento, apoyaron abiertamente el golpe de Estado contra Hugo Chávez en 2002.

En México, desde el primer día de la Cuarta Transformación, los medios de comunicación convencionales (el 99% en manos de la oligarquía y la derecha política, social y empresarial) se han volcado contra el gobierno de Andrés Manuel López Obrador. Medios como Reforma, El Universal, El Financiero, LatinUS, Imagen Televisión, entre otros, y comunicólogos como Carlos Loret de Mola, Victor Trujillo "Brozo", Ciro Gómez Leyva, y Joaquín López Dóriga, entre otros, manejan una línea editorial franca y abierta de confrontación (disfrazada de "cuestionamientos") contra el actual gobierno, cuando en gobiernos anteriores nunca habían cuestionado a los Presidentes en turno ni con el pétalo de una rosa.

Incluso, eran propagandistas confesos y apoyaban, ensalzaban y respaldaban al gobierno en turno y sus políticas impopulares. Tan solo, cabe recordar el gran aparato propagandístico en que se convirtieron estos "periodistas" y medios de comunicación para la aprobación de las reformas estructurales de Enrique Peña Nieto, y cómo convencieron a una parte de la población con sofismas y mentiras a favor de la Reforma Energética, que privatizó la industria petrolera.

Así, con base en tergiversaciones, exageraciones, y en otras, abiertamente con mentiras, han buscado posicionar un discurso en contra del gobierno de López Obrador, con el fin de buscar apoyo hacia la muy mediocre oposición. Ejemplo de esto, son las cifras de fallecidos por la pandemia de Covid-19 que maneja Ciro Gómez Leyva, las cuales "infla" noche con noche en su noticiero, al aumentar "33,000 muertos reconocidos por el INEGI"? (sic), mintiendo a la población sobre la cantidad de fallecidos reales por la pandemia.

Otro ejemplo son las notas que día con día publican los medios antes señalados por el Presidente. A partir de una parte de una frase dicha por López Obrador en sus conferencias mañaneras, tergiversan su contenido, dando un sentido distinto a lo dicho por el Presidente, y en algunas ocasiones, dando incluso un significado inverso al que quiso comunicar el mandatario.

Y en sucesos infortuitos, como el sucedido en la Línea 12 del Metro del pasado 3 de mayo, los medios de comunicación se dedicaron a generar, a partir de una terrible tragedia, un linchamiento mediático, bombardeando cada minuto las últimas 24 horas, para exacerbar sentimientos y pasiones humanas, y lucrar políticamente con el dolor y la muerte.

Por lo anterior, el financiamiento que recibe Mexicanos contra la Corrupción por parte de la Embajada de USA en México no es cualquier cosa que deba tomarse a la ligera, pues, por una parte, existe el precedente, a lo largo de la Historia, de financiamiento abierto y oculto hacia grupos subversivos y antigubernamentales en países progresistas en América Latina, en una acción clara de injerencismo y, por otra parte, porque Claudio X. González, de quien es dicha organización, fue el principal promotor, aglutinador, operador político y mecenas de los partidos opositores al Gobierno de López Obrador, que conformaron una coalición electoral con el fin de ganar el Poder Legislativo en las elecciones de junio próximo contra el partido oficialista.

La única forma en la cual el gobierno de Andrés Manuel López Obrador puede resistir los embates en su contra, es con un gran respaldo popular, el cual únicamente puede surgir de una organización disciplinada por parte del Pueblo. Por eso es indispensable organizarse, informarse, estar alertas ante los "Mexicanos golpistas contra la Transformación", pues como dice el propio López Obrador: "con el Pueblo todo, sin el Pueblo, nada", además de que "solo el Pueblo puede salvar al Pueblo, y solo el Pueblo organizado puede salvar a la Nación".

Ante esto, solo queda recordar lo que decía Benito Juárez: "el Pueblo que quiera ser libre, lo será".

El papel del pasquín propagandístico imperialista contrarrevolucionario de la prensa burguesa, o "The Economist" vs López Obrador

Publicado el 30 de mayo de 2021

A mediados de la semana, *The Economist*, revista británica alineada por excelencia a los intereses oligárquicos, oligopólicos, corporativos, bancarios, financieros, trasnacionales, imperialistas y burgueses, publicó un artículo sobre nuestro Presidente, Andrés Manuel López Obrador, titulado *El falso mesías*.

En él, *The Economist* afirma que López Obrador es "un peligro para la democracia" pues, desde su punto de vista, ha impulsado políticas ruinosas "por los medios inadecuados". La revista señala, además, que Andrés Manuel ha pasado desapercibido debido a que "no tiene 'vicios' como Presidentes como Viktor Orbán de Hungría, Nerendra Modi en India, o Jair Bolsonaro en Brasil (evidentemente, con este último la comparación es absurda, tan solo partiendo desde el punto ideológico de ambos).

Así, según *The Economist*, la peligrosidad de López Obrador reside en una *necrofilia ideológica*, que no es otra cosa que un amor por ideas que ya han sido probadas en el fracaso y fracasaron, según la propia revista.

Finalmente, hace una invitación abiertamente proselitista a favor de la oposición, al asegurar que *los votantes deberían frenar al Presidente mexicano hambriento de poder, pues tienen la oportunidad de controlar a su Presidente rechazando a su partido.*

No debería de sorprendernos lo anterior en lo más mínimo. Desde su fundación, en 1842, *The Economist* ha sido un aliado permanente de las élites británicas y europeas, pues representa sus intereses de clase y los defiende. Es un pasquín propagandístico de las élites imperiales publicado para difundir sus ideas, justificar sus acciones tanto en el ámbito político como en el económico, y difundir sus planes contrarrevolucionarios contra los gobiernos progresistas.

En su libro *El 18 Brumario de Luis Bonaparte*, Karl Marx hace tres referencias y dos señalamientos a *The Economist*, medio que apoyaba abiertamente la dictadura de Luis Bonaparte, y lo define como el medio con *la posición de la aristocracia financiera* y que manipulaba a la opinión pública *con la pinta del modo más palmario*. Posteriormente, vuelve a referirse más adelante a la misma revista como *"The Economist" ("El Economista"): revista mensual inglesa de economía y política, órgano de la gran burguesía industrial; aparece en Londres desde 1843.*

Así mismo, la misma revista tiene precedentes históricos dignos de ser recordados: apoyó el golpe de Estado de Victoriano Huerta contra Francisco I. Madero, en 1913; apoyó el golpe de Estado contra Salvador Allende y el régimen dictatorial de Augusto Pinochet en Chile; apoyó la invasión a Irak y Afganistán de George W. Bush en 2003, así como la de Libia en 2011; apoyó el golpe de

Estado contra Hugo Chávez en 2002, así como las insurrecciones de Henrique Capriles y Juan Guaidó en Venezuela contra el régimen chavista; apoyó el golpe de Estado en contra de Evo Morales por parte de Jeanine Áñez; y un sinfín de etcéteras.

Si algo ha caracterizado a *The Economist*, es por impulsar la democracia al estilo burgués, y mediante sofismas, adoctrinar a la opinión pública mediante sus publicaciones propagandísticas a favor de sus propios intereses. Su reputación le precede.

Es curioso cómo *The Economist* busca defender sus intereses: alude al amor de AMLO por ideas del pasado, cuando ellos siguen aferrados al neoliberalismo, pese a que se ha demostrado que este modelo económico ha fracasado en todo el mundo, y cuestionan este amor al pasado, cuando cabe señalar que México, durante los años 60's tuvo un crecimiento económico sostenido mayor al 6% promedio durante toda la década, que incluso en su momento fue denominado *El Milagro Mexicano* (por cierto, cuando el Estado tuvo mayor injerencia en la economía), y que parte de ese pasado glorioso, junto con el existente durante el gobierno de Lázaro Cárdenas del Río, es el que López Obrador quiere devolver a nuestro país.

Llama además, la atención que el mismo día que sale publicado el reportaje referido de *The Economist*, se tiene conocimiento de que el director de la Agencia Central de Inteligencia (CIA, por sus siglas en inglés), William J. Burns, llegará en los próximos días a México, supuestamente para preparar la visita de la Vicepresidenta de USA, Kamala Harris. Y llama la atención y resulta sospechoso, porque la CIA es la agencia estadounidense que se ha encargado de operar los golpes de Estado en diferentes países del mundo contra sus gobiernos, en particular los progresistas o ajenos a los intereses de las grandes potencias, y además días antes de las elecciones.

Otra señal importante que hay que advertir es la presencia de "observadores" de la OEA para el próximo proceso electoral. Y es importante poner atención en el papel que desempeñará este organismo en la elección del 6 de junio, pues ya existe el precedente de que la OEA ha sido un factor predominante en las denuncias de supuestos fraudes electorales en diferentes países de América Latina, como Venezuela, Ecuador o Bolivia, donde incluso, fue actor fundamental en el golpe de Estado contra Evo Morales por parte de Áñiz.

Pero *The Economist* no es un caso aislado. Ejemplos nos sobran: está *Reforma*, *El Universal*, *El Financiero Bloomberg*, *LatinUS*, *Imagen Televisión*, CNN, BBC, *The New York Times*, *Forbes*... la lista es inmensa, y podemos seguir y seguir mencionando medios de comunicación que, lejos de informar y realizar un periodismo serio, objetivo, independiente, únicamente defienden los intereses de clase de los dueños de los medios de comunicación, pasquines propagandísticos al servicio de las clases económicas dominantes, que no únicamente se encuentran inmersos en el negocio de la información, sino en muchas áreas de la economía.

Así, podemos encontrar que, por citar un ejemplo, Olegario Vázquez Aldir, quien no sólo es propietario de *Imagen Televisión*, que incluye al *Canal 3.1* de televisión abierta y al periódico *Excelsior*, y de los *Hospitales Ángeles*, donde cabe señalar la gran campaña que ha ejercido Grupo Imagen por medio de su presentador estrella, Ciro Gómez Leyva, contra el Gobierno de México y su responsable y vocero de la Estrategia Nacional contra el Covid-19, Hugo López-Gatell, debido a que el Gobierno centralizó y estatizó el control de la compra de las vacunas contra el virus, así como la Estrategia Nacional de Vacunación, pues la atención de los casos médicos involucrados con la pandemia fueron atendidos en hospitales públicos, dejando fuera al sector privado, y molestando a empresarios como Vázquez Aldir.

No sólo eso: antes de la pandemia, comenzó el ataque al Gobierno por un supuesto desabasto de medicamentos, pues el Gobierno de López Obrador centralizó las compras de medicamentos a nivel nacional para el sector público, y eliminó el oligopolio que existía en la distribución de medicamentos hacia los hospitales públicos por parte de 5 empresas en manos de políticos y empresarios voraces. Eso explica, en gran medida, el ataque mediático diario de Gómez Leyva en su noticiero todas las noches contra López Gatell, donde el propio Ciro 'infla' las cifras en 33,000 muertos más de los publicados por el Gobierno de México, mintiendo a la población acerca de la gravedad de la pandemia.

Por tal motivo, no es de extrañarnos el papel del pasquín propagandístico imperialista de la prensa burguesa, pues este se encarga de confundir a la población mediante de sus voceros y medios de comunicación a la población en pro de sus propios intereses, y con la comunicación como tal como negocio y, por la otra parte, persuadir a la población de que los gobiernos progresistas no están realizando acciones en su beneficio, que se traduce en resultados, ni que se está haciendo lo correcto, con el fin de que comience a generarse descontento y oposición popular intrínseca a las acciones del gobierno.

Por eso, aunque lo he repetido muchas veces, bien cabe señalar la frase de Rafael Correa respecto al papel de la prensa burguesa, al asegurar que "desde que se inventó la imprenta, la *'libertad de prensa'* es la voluntad del dueño de la imprenta".

Por lo anterior, es importante buscar fuentes alternativas de información, y sobre todo, tener claro de quién es cada medio de comunicación y qué intereses defiende, pues esto determinará su línea editorial y nos permitirá discernir si estamos siendo objetos de manipulación de información, pues de lo contrario, como atinadamente dijo Malcolm X: "si no tienes cuidado con los medios de comunicación, nos harán odiar al oprimido y amar al opresor".

El cáncer del golpismo

Publicado el 04 de julio de 2021

El pasado domingo 28 de junio, el Subsecretario de Prevención y Promoción de la Salud, Hugo López-Gatell, durante una entrevista en *El Chamuco TV*, transmitido por la televisora pública Canal 22, mencionó que existía una narrativa casi golpista derivado del sofisma difundido en cuanto a la falta de medicamentos para niños con cáncer.

> *Aquí me gustaría aprovechar para hacer una especie de alerta o por lo menos que quede registrado, este tipo de generación de narrativas de golpe, a veces se ha conectado en Latinoamérica con golpe, golpe, golpe de Estado. Y esta idea de los niños con cáncer que no tienen medicamentos cada vez lo vemos más posicionado como parte de una campaña, más allá del país, de los grupos de derecha que están buscando crear esta ola de simpatía en la ciudadanía mexicana, ya con una visión casi golpista, es de manual.*

De inmediato, la derecha política, opositora al régimen de López Obrador, así como la corpocracia mediática, pegó el grito en el cielo, se desgarró las vestiduras, y exigió de inmediato la renuncia de López Gatell, tergiversando además el sentido de sus declaraciones.

La reacción, cabe señalar, es más que lógica, sobre todo si consideramos que parte de sus planes han sido evidenciados y exhibidos. Sin embargo, más allá de la hipocresía que mostraron estos lobos disfrazados con piel de oveja, lo cierto es que lo dicho por López Gatell no está alejado de la realidad. Como lo dijo acertadamente, son *modus operandi* casi de manual, y siempre, siempre, siempre, han tenido los mismos finales: a veces golpes blandos, y a veces golpes, golpes.

En 1973, meses antes del golpe de Estado en contra de Salvador Allende en Chile, comenzó una ola de paros y huelgas (sobre todo, después de la nacionalización del cobre por parte de Allende), en los cuales hubo una provocación directa hacia el Gobierno, generando además confrontaciones con los Carabineros, por parte de sectores de la derecha. Hubo disturbios, atentados y muertos por parte de estos grupos, que además eran alentados y financiados por la CIA, además del apoyo irrestricto de los medios de comunicación, como El Mercurio, entonces el diario más influyente en Chile.

Entre las diversas acciones que llevaron a cabo estos grupos se presentó el asesinato del comandante de la Armada Arturo Araya Peeters, edecán naval del Presidente Allende; diversos atentados con bomba a torres de alta tensión y oleoductos; el asesinato de militantes de izquierda; y varios atentados a embajadas (por ejemplo, las de Cuba y la Unión Soviética), sedes de partidos políticos de izquierda y radioemisoras.

Estas acciones concluyeron con el golpe de Estado en contra de Salvador Allende el 11 de septiembre de 1973, y tienen como precedente actividades y acciones que nada tenían que ver con planes golpistas. Al menos en apariencia.

En 2001, tras la publicación de las 49 leyes por parte de Hugo Chávez en Venezuela, FEDECÁMARAS (el equivalente en México al Consejo Coordinador Empresarial) y la Confederación de Trabajadores de Venezuela (CTV), comenzaron a convocar a una serie de paros y huelgas en Venezuela (participó, entre ellos, PDVSA, empresa petrolera paraestatal que para entonces contaba aún con funcionarios neoliberales, a los que Chávez despidió públicamente de forma posterior), los cuales desembocaron en una marcha el 11 de abril de 2002 en contra del régimen de Chávez, que inmediatamente después se convirtió en disturbios, enfrentamientos entre simpatizantes pro-Chavistas y anti-Chavistas, y una supuesta renuncia a la Presidencia de la República por parte de Chávez (menciono "supuesta", porque nunca se estableció histórica y materialmente si esa renuncia existió o no realmente).

Estos disturbios y enfrentamientos tuvieron apoyo y financiamiento, en todo momento, de la CIA, las Embajadas de Estados Unidos y España, además del poder mediático corporativo de Radio Caracas Televisión (RCTV), Venevisión, Globovisión, Televen y CNN.

Tras asumir de facto la Presidencia de la República el oligarca Pedro Carmona, Presidente de FEDECÁMARAS, su primer acto presidencial fue disolver el Congreso, el Tribunal Supremo, el Consejo Electoral, destituir a todos los gobernadores, alcaldes, concejales, embajadores, cónsules y vicecónsules, y reestablecer la Constitución que había sido desechada 2 años antes.

Al final, Hugo Chávez fue restituido el 14 de abril en la Presidencia, pero se mostró, una vez más, la oscura cara de la derecha.

En 2009, tras 2 años en el poder por parte de Evo Morales en Venezuela, comenzó la insurrección en diversas provincias de Bolivia con planes separatistas, principalmente alentados por la derecha y los oligarcas bolivianos, y financiados, otra vez, por la CIA.

Sin embargo, en 2019, tras las falsas acusaciones de fraude en las elecciones presidenciales, y con la intervención cínica de Estados Unidos por medio de la OEA y su títere Almagro, así como con financiamiento de la CIA (nuevamente), derrocaron al Presidente Evo Morales mediante un golpe de Estado, e instauraron un régimen de facto que cobró al menos un centenar de vidas tras las protestas contra el gobierno espurio de Jeanine Áñez.

En 2010, una huelga de policías en Ecuador, tras 3 años en el poder por parte de Rafael Correa, derivó en un secuestro del Presidente y en un golpe de Estado, que fue frustrado gracias a la intervención de los simpatizantes del Presidente Correa en el cuartel donde lo tuvieron retenido más de 10 horas. Después, se sabría de la intervención estadounidense en el grupo de policías insurrectos.

También en 2010, hubo golpes de Estado en contra de Manuel Zelaya, en Honduras, y Fernando Lugo en 2012 en Paraguay.

El caso de Brasil es sumamente peculiar, pues fue la primera vez que se utilizó el golpe de Estado blando en forma de *lawfare*, una guerra jurídica en contra del poder establecido, y que mediante esta táctica, tras acusaciones de corrupción en contra de la Presidenta Dilma Rousseff, que nunca fueron totalmente certeros ni fundamentados, derivaron en la destitución de Dilma mediante un *impeachment*, cuyo poder recayó en Michel Temer, de corte derechista, y quien permitió el ascenso de Bolsonaro a la Presidencia. La ultraderecha al poder.

Por eso no es para nada desestimable la advertencia que hace López Gatell, pues existe un gran precedente en cuanto a las tácticas que los grupos de derecha han empleado en América Latina para derrocar a gobiernos progresistas democrática y formalmente constituidos.

En el caso mexicano, López Obrador se ha enfrentado a varias de las tácticas golpistas señaladas antes. Ha enfrentado situaciones de *lawfare*, fundamentalmente en cuanto a sus obras prioritarias (el Tren Maya, el Aeropuerto Internacional Felipe Ángeles), ha enfrentado grupos contrarrevolucionarios organizados (como las *fakeministas*), y ha denunciado el financiamiento directo por parte de la CIA y el Gobierno de Estados Unidos a asociaciones supuestamente sin fines de lucro, pero con fines totalmente políticos, como Mexicanos contra la Corrupción, de Claudio X. González, quien se convirtió en el principal aglutinador de la alianza opositora al gobierno de AMLO en las pasadas elecciones del 6 de junio pasado.

Así, los dichos de López Gatell no deben ser interpretados como la derecha tendenciosa y equivocadamente lo hizo, de que "los niños con cáncer van a hacer un golpe de Estado contra López Obrador", porque esto sería absurdo e inverosímil.

Pero lo que si debe decirse, con todas sus letras, es que existen grupos organizados, que han mentido sobre un falso desabasto de medicinas para niños con cáncer, que utilizan a los niños con cáncer como bandera para tener fines políticos, y entre otros objetivos, es crear desestabilización en contra del Gobierno de López Obrador (junto con otros movimientos inventados y financiados con los mismos fines como las *fakeministas*) y, de ser posible, arrebatar el poder político democrática y formalmente constituido al régimen de la Cuarta Transformación mediante tácticas golpistas, que pueden ser violentas o no violentas.

No hay que echar en saco roto lo dicho por Gatell, porque además, la Historia, gran maestra de la vida, demuestra que sus palabras tienen más sentido que las incongruencias con las que la oposición ha querido desviar la atención respecto al punto medular: los planes golpistas, que incluso ya hemos tocado anteriormente en este blog.

Así, ante estos embates, lo único que puede sostener al actual gobierno y a nuestro Presidente Andrés Manuel López

Obrador es el respaldo y la organización popular, el aglutinamiento y el cierre de filas alrededor del Proyecto Alternativo de Nación, y la información constante hacia el Pueblo. Y eso solo se puede hacer de dos formas: trabajando cada quien desde su trinchera para fortalecer la Cuarta Transformación, y haciendo a un lado las ambiciones políticas personales.

Es tiempo de estar a la altura de las circunstancias, de entender el momento histórico que vivimos, y de actuar congruentemente en consecuencia.

El regreso del Cóndor
Publicado el 04 de julio de 2021

Los procesos de independencia de los diferentes países de América Latina que comenzaron hace dos siglos, en un principio no fueron iniciados como una forma de independizarse del yugo español. Hidalgo, San Martín, Miranda, no preveían la formación de Estados Nacionales, tal y como lo vemos hoy, sino únicamente luchaban por el reconocimiento de los derechos que, como criollos (descendientes de españoles nacidos en América Latina) no tenían. Dicho en palabras de Marx, luchaban por sus propios intereses de clase.

Fue gracias al surgimiento de figuras como Morelos, en México, o Bolívar, en Sudamérica, que la lucha se tornó independentista, y para librarse de la opresión colonizadora. Y lo consiguieron: se quitaron el yugo español, pero continuaron las prácticas coloniales, ahora en manos de los criollos.

Eso permitió la apropiación y concentración de la tierra en pocas familias, que eran propietarias de una gran cantidad de hectáreas, mientras que el Pueblo, los indígenas, lo menos favorecidos continuaron en el esquema de explotación y sumisión ante la nueva oligarquía.

Esa nueva oligarquía se fue transformando: algunos continuaron en el sector agropecuario, otros fueron inclinándose hacia el sector industrial (siempre a la sombra de las trasnacionales estadounidenses o extranjeras), y después de mediados del siglo pasado, algunos evolucionaron hacia el sector servicios.

Sin embargo, esta transición a un Capitalismo incipiente en América Latina (y reitero: Capitalismo incipiente, porque ni la industria ni los servicios se han desarrollado como en las grandes potencias y, por la otra, América Latina sigue siendo proveedor de materias primas hacia los grandes países industrializados, cumpliendo el mismo rol de África en la economía global) conllevó a otro problema: el acaparamiento del poder político por parte de las mismas familias que primero acapararon el poder económico, creando a esa nueva oligarquía que mencioné anteriormente.

Así, la oligarquía creó farsas democráticas, es decir, un sistema político con elecciones donde participa el Pueblo, pero donde las diferentes opciones están conformadas por personajes de la misma oligarquía, de tal forma que no importando la opción que se elija, el rumbo y destino de la Nación siempre será el mismo, pues al final, convergen y coinciden en los mismos intereses de clase.

Eso permitió que, por citar el caso mexicano, existieran figuras como Porfirio Díaz, que gracias a esa oligarquía permaneció en el poder más de 30 años, o que tras la traición a la Revolución Mexicana y la derechización del Partido Oficial durante los sexenios de Ávila Camacho y Miguel Alemán, comenzaran las alianzas y concesiones con la clase que la misma Revolución combatió, que tras la imposición del neoliberalismo en 1985, acapararon el poder político y económico como nunca antes.

Sin embargo, como cualquier sistema político, las farsas democráticas tienen huecos que han permitido que, mediante años de lucha y emancipación, se hayan logrado filtrar (y ganar) candidatos que responden a las necesidades del Pueblo, y que en muy poco tiempo, han tenido que desarticular los sistemas políticos impuestos en los diferentes países de América Latina por parte de las oligarquías, para crear nuevos que no estén atados a las viejas inercias del pasado.

Así, a lo largo del Siglo XXI, ha habido dos grandes olas de gobiernos progresistas en América Latina: la primera, de 1999 a 2012 aproximadamente, en las que figuras como Hugo Chávez, Lula Da Silva, Evo Morales, Rafael Correa, y Néstor Kirchner llegaron a la Presidencia, y comenzaron a hacer grandes reformas que permitieron reconfigurar el sistema.

Sin embargo, bien dice Rafael Correa, que en América Latina, ganar la Presidencia no garantiza ganar el poder político, y así fue. Varias veces, en este espacio, he mencionado los eventos que tuvieron que enfrentar estos gobiernos progresistas contra una derecha que no quedó contenta en perder el poder político, y que gracias a sus alianzas con gobiernos extranjeros como el estadounidense, generaron acciones de desestabilización, que nunca prosperaron más allá de lo anecdótico.

Es más o menos en este contexto que se da el fraude electoral de 2006 contra López Obrador. En ese sentido, podríamos asegurar que este fraude conllevó intereses geoestratégicos, sobre todo de Estados Unidos.

Tras la primera ola de gobiernos progresistas, vino la reacción de la reacción. La derecha comenzó a infiltrar a los partidos de Izquierda, y llevaron a cabo dos estrategias: ganar las elecciones con candidatos de derecha disfrazados de Izquierda, como el caso de Lenin Moreno en Ecuador en 2017; o crear golpes parlamentarios, como en Brasil con Michel Temer contra Dilma Rousseff en 2014.

El triunfo de Andrés Manuel López Obrador en 2018 revitalizó a las fuerzas progresistas en América Latina, y sentó las bases para la segunda ola. Alberto Fernández, Lucho Arce, Lula Da Silva en su segundo período, Pedro Castillo, Gustavo Petro, y Gabriel Boric (con todo y las reservas para este caso, dado sus actitudes contra los regímenes cubano y venezolano) han logrado que casi todo el continente, como nunca antes, existan gobiernos de Izquierda.

Sin embargo, no todo puede ser miel sobre hojuelas. El Imperialismo yanqui, con sus cómplices de la derecha latinoamericana, han generado las condiciones para un embate en contra de estos gobiernos, en la búsqueda de recuperar el poder político que les fue arrebatado en las urnas. El triunfo de Lucho Arce en Bolivia fue antecedido por un golpe de Estado contra Evo Morales encabezado por la dictadora Jeanine Añez en 2019. El triunfo de Gustavo Petro se dio pese a la conjunción y conspiración de todas las fuerzas políticas y mediáticas de derecha. Gabriel Boric se enfrentó al rechazo de la nueva Constitución que el nuevo gobierno propuso en Chile, mostrando que el Pinochetismo se niega a morir. Y recién, Cristina Fernández de Kirchner, actual vicepresidente de Argentina acaba de sufrir un *impeachment* disfrazado.

En México, Andrés Manuel López Obrador ha tenido que sortear con intentos pírricos de organización por parte de la derecha, a los cuales ha frenado gracias a su capacidad de movilización popular, a la mayoría que tiene en el Congreso y gracias a la cual puede seguir impulsando proyectos de gobierno, y a la capacidad de comunicación que tiene con la población en general.

Sin embargo, la derecha ha logrado aglutinarse para impedir reformas estructurales del Presidente, como la Reforma Eléctrica (defendiendo los intereses de las empresas trasnacionales), o bien con la Reforma Electoral, que si bien es cierto, fue aprobada con la modificación de todas las leyes secundarias en la materia, no pudo realizarse el gran cambio constitucional que requería el sistema electoral para ser reformado en su totalidad.

Sin embargo, nada se acerca a la canallada que le hicieron a Pedro Castillo, maestro rural que ganó las elecciones en Perú el año pasado. Desde el principio de su gobierno, Pedro Castillo no fue bien recibido por la oligarquía peruana, la cual comenzó un clima de hostigamiento y persecución en contra del Presidente.

Recientemente, Castillo sufrió un golpe de Estado en su contra, gracias a la alianza de su vicepresidente (infiltrada, como el caso de Temer en Brasil, o de Lenin en Ecuador) con la oligarquía, el fujimorismo, la derecha parlamentaria y el ejército, sin tener ni un solo cargo en su contra, detenido por su propia guardia personal, e incomunicado ilegalmente. La situación política en Perú ha sacado a la población a las calles, defendiendo a su Presidente, y el gobierno *de facto* ha sacado a la policía y al ejército para reprimir al Pueblo.

No sabemos qué vaya a pasar ante el complicado escenario que se vive en Perú, pero lo cierto es el Cóndor ha regresado, y está más vivo que nunca. El mismo Cóndor, por cierto, que nació de la Escuela de las Américas que Estados Unidos, por medio de la CIA, implementó en Panamá tras la Segunda Guerra Mundial para contrarrestar los movimientos marxistas y de Izquierda en América Latina, y que después se institucionalizó como Plan Cóndor por parte de las dictaduras militares de los 70's y 80's en Sudamérica.

Hasta ahora, el Cóndor había cambiado de estrategia, y se había limitado a crear golpes blandos, e *impeachments* parlamentarios. Pero en los últimos 3 años, ya tiene dos golpes de Estado en su historial: el de Bolivia de 2019, y este reciente, de Perú, en 2022.

Dice Joaquín Sabina, que *el otoño duró lo que tarda en llegar el invierno*, y ante la aparición del Otoño Latinoamericano en 2019 (*El Otoño Latinoamericano*), la derecha entreguista ha traído el frio invierno a nuestra región, aunque de repente se olvidan de que, como dijo Pablo Neruda: "podrán cortar todas las flores, pero no impedirán que llegue la Primavera".

Así pues, es importante estar alertas ante el embate de la derecha, del Cóndor, en todos y cada uno de nuestros países, y evitar que nos arrebaten la esperanza. Que no puedan quitarnos por la fuerza lo que no son capaces de ganar en las urnas.

Para esto, siempre será fundamental recordar las palabras de Salvador Allende: "la Historia es nuestra, y la hacen los Pueblos".

El triunfo de la reacción es moralmente imposible.

Epílogo: El cóndor contra América Latina o la resistencia contra el injerencismo imperialista

He citado, en muchas ocasiones, la frase que Marx acuñó en El 18 Brumario de Luis Bonaparte: la Historia siempre se repite dos veces, primero en forma de drama, y luego en forma de farsa.

Actualmente, existe una versión 2.0 del Plan Cóndor, tras las dos olas de gobiernos progresistas en América Latina durante el siglo XXI. Andrés Manuel López Obrador se ha encargado de demostrar, en la vía de los hechos, las formas de financiamiento que reciben diversas organizaciones de derecha en México, con el fin de desestabilizar su gobierno. Sin embargo, no lo lograron, pero seguramente lo intentarán durante el gobierno de Claudia Sheinbaum.

Sin embargo, la derecha mexicana ya ha dado muestras de lo que se viene en los años por venir: durante la campaña electoral presidencial, intentaron permear –sin éxito, cabe señalar– el discurso de la poca diferencia existente entre la candidata oficialista de Izquierda, Claudia Sheinbaum, y la candidata de la derecha, Xóchitl Gálvez.

Posteriormente, ya a pocos días de la elección presidencial, inventaron y falsearon encuestas (como la de Massive Caller) en la que Gálvez encabezaba las preferencias electorales, con el fin de darle solidez al argumento de que habría fraude electoral, apoyado también por los corporativos mediáticos dominantes y la comentocracia de los medios tradicionales, el cual se cayó rápidamente gracias a la aceptación de Xóchitl Gálvez de los resultados electorales en la misma noche de la elección.

Sin embargo, más adelante, comenzaron con el sofisma de la sobrerrepresentación y la asignación de Diputados Plurinominales, ante la inminencia de la mayoría absoluta por parte del partido oficialista MORENA y su posibilidad de realizar cambios constitucionales que terminarán por desmontar el andamiaje neoliberal construido por 36 años por la derecha PRIANista, la descalificación hacia los mismos órganos electorales que meses antes defendían, y la tentativa a realizar un golpe de Estado técnico mediante una controversia inconstitucional ante la Suprema Corte (la cual no tiene competencia), lo cual tampoco fue posible, gracias a que ni el Instituto Nacional Electoral (INE) ni el Tribunal Electoral del Poder Judicial de la Federación (TEPJF) tuvieron margen de maniobra ante la claridad de las reglas establecidas en la Constitución para tal fin.

Sin embargo, una de las últimas batallas que tiene López Obrador al final de su sexenio, es el paro de labores en el Poder Judicial, derivado de su revolucionaria iniciativa de reforma constitucional al Poder Judicial, con el cual jueces y magistrados podrán ser electos por voto popular.

Incluso, en una actitud injerencista, los embajadores de Estados Unidos y Canadá en México, de forma además sincronizada, arremetieron en contra de la Reforma Judicial de López Obrador, ante lo cual, el Presidente Mexicano contestó con una nota diplomática, en la cual contestó, de forma enfática, que la Secretaría de Relaciones Exteriores expresa su profundo extrañamiento por dicha declaración del embajador Salazar sobre cuestiones internas y de plena soberanía nacional. [...] En tal virtud, la declaración del embajador de los Estados de América expresando su postura sobre este tema, que es de carácter estrictamente interno del Estado mexicano, representa una acción inaceptable de injerencia, contraviene la soberanía de los Estados Unidos Mexicanos y no refleja el grado de respeto mutuo que caracteriza las relaciones entre nuestros gobiernos.

La derecha, ve con preocupación la pérdida de este último reducto en donde se encuentra enquistada –junto a los órganos autónomos–, ante la mayoría calificada en ambas cámaras del Congreso mexicano, aunque ya fue aprobada en la Cámara de Diputados, y todo indica que será aprobada en la Cámara de Senadores, y en al menos 24 de los 32 Congresos Estatales. Esta batalla se da en estos días, y seguramente será motivo de otro libro más adelante.

Pero la batalla contra el injerencismo imperialista estadounidense no se limita a México.

En Venezuela, país que no ha tenido tregua desde hace 25 años, desde que Chávez tomó el poder, se ha vuelto campo de batalla por el control de los recursos naturales de dicho país, principalmente el petróleo.

Esto ha ocasionado (como en cada elección en donde se presenta el PSUV) que existan acusaciones de "fraude" por parte de la derecha. Sin embargo, cuando se le pidió al candidato de la derecha, Edmundo González, que presentara sus actas para sustentar sus dichos de fraude electoral, no se presentó ante la instancia correspondiente.

Incluso, González, ha estado colaborando estrechamente con una de las principales agitadoras de la derecha, Corina Machado, la cual se ha convertido en el estandarte de los corporativos mediáticos internacionales, con agendas alineadas a los intereses trasnacionales y estadounidenses (principalmente en Estados Unidos, Europa y América Latina), y ha montado un espectáculo para la televisión mundial.

Sin embargo, las imágenes existentes comparativas entre las marchas pro-Maduro y anti-Maduro son bastantes claras: existe un gran respaldo popular hacia el Presidente venezolano, contrastado con la falta de convocatoria existente a las concentraciones de González-Machado, aunado al robo del avión oficial del Gobierno de Venezuela por parte del Gobierno de Estados Unidos (similar al proceso que realizaron de incautación de activos durante la farsa montada del autoproclamado Juan Guaidó en 2019), lo cual demuestra que realmente existe un complot contra el gobierno legítimamente constituido y electo popularmente en Venezuela por parte de los intereses estadounidenses.

No son los únicos casos. En días recientes, la presidenta progresista de Honduras Xiomara Castro (esposa del expresidente Manuel Zelaya, derrocado mediante un golpe de Estado en 2010), denunció mediante un twitt el 28 de agosto pasado (2024), que la injerencia y el intervencionismo de los Estados Unidos, así como su intención de dirigir la política de Honduras a través de su embajada y otros representantes, es intolerable. Agreden, desconocen y violan impunemente los principios y prácticas del derecho internacional, que promueven el respeto a la soberanía y autodeterminación de los pueblos, la no intervención y la paz universal. Basta. Con fundamento en nuestra Constitución y en los tratados internacionales, he ordenado al Canciller @EnriqueReinaHN denunciar el tratado de extradición con los Estados Unidos .

Por su parte, el partido oficialista de la presidenta Xiomara Castro en Honduras, Libertad y Refundación (Libre), denunció que la Embajadora de Estados Unidos en Tegucigalpa, Laura Dogu, y militares en condición de retiro han estado "conspirando para un nuevo golpe de Estado" en el país, y convocó a una movilización para el 15 de septiembre a favor del Gobierno de Castro.

En Brasil, se ha abierto una confrontación directa entre el gobierno de Lula Da Silva, y Elon Musk, dueño de 'X' (antes Twitter), debido a que la red social 'X' se negó a cumplir con diversas sentencias del Tribunal Supremo, que exigían el bloqueo de perfiles y contenidos asociados con la difusión masiva de noticias falsas y ataques a la democracia brasileña. Según el tribunal, Musk no solo ignoró estas órdenes, sino que también retiró a sus representantes legales del país, quienes, según el empresario, estaban bajo amenaza de encarcelamiento por parte de Alexandre de Moraes, uno de los magistrados del Supremo a cargo del caso.

Además de X, otro frente de conflicto judicial se ha abierto para Musk en Brasil, esta vez relacionado con Starlink, la empresa de servicios de internet por satélite también de su propiedad. Starlink se ha negado a acatar la suspensión de X en el país y, como consecuencia, sus cuentas han sido bloqueadas por orden del mismo tribunal. La decisión fue adoptada en un contexto de alta polarización política, en medio de la campaña para las elecciones municipales de octubre próximo.

El Supremo de Brasil ha dejado claro que estas medidas se enmarcan en su esfuerzo por evitar que la campaña electoral sea inundada de desinformación, como ocurrió en las elecciones presidenciales de 2018, en las que Jair Bolsonaro resultó victorioso en medio de una oleada de noticias falsas difundidas principalmente por la extrema derecha. En esa ocasión, cientos de perfiles fueron desactivados por orden judicial en diversas plataformas digitales, una estrategia que el tribunal parece decidido a repetir en 2024.

De Moraes, quien ha sido un crítico constante de Musk, argumentó que el incumplimiento consciente y voluntario de las órdenes judiciales por parte de X y SpaceX tenía como objetivo crear "un ambiente de total impunidad y una 'tierra sin ley'", facilitando así la actuación de grupos extremistas y milicias digitales en las redes sociales. La multa total impuesta por estos desacatos se estima en aproximadamente cuatro millones de dólares.

Mientras tanto, la empresa de Musk ha mantenido su postura desafiante. Este domingo, Starlink anunció que no cumplirá con la decisión judicial de suspender X hasta que se levante el bloqueo de sus cuentas, lo que podría agravar aún más la situación.

A su vez, Musk afirmó que "Brasil está controlado por un dictador tiránico", refiriéndose a Lula Da Silva, e insinuó mediante un twitt, que "a menos que el gobierno brasileño devuelva la propiedad confiscada ilegalmente de X y SpaceX, buscaremos también la confiscación recíproca de los bienes del gobierno. Espero que Lula disfrute de los vuelos comerciales", escribió Musk en la plataforma X, contestando a un tweet que sobre la noticia de que Estados Unidos había incautado en la República Dominicana el avión oficial de Venezuela, Nicolás Maduro.

Cabe señalar y recordar, además, que Musk admitió haber participado activamente en el golpe de Estado de 2019 en Bolivia, en contra del Presidente Evo Morales, y recientemente se vio envuelto en casos de hackeo en contra de los sitios de los órganos electorales en Venezuela, con el fin de evitar dar certeza a la elección, y apoyar las denuncias de fraude de la derecha venezolana.

Además, Musk anunció la construcción de una planta de Tesla en Monterrey, Nuevo León, México, en marzo de 2023, la cual nunca se llevó a cabo a pesar de las facilidades otorgadas por el gobierno de López Obrador, y del gobierno del Estado, encabezado por Samuel García.

Respecto a la cancelación de la construcción de la planta por parte de Elon Musk, López Obrador calificó como una falta de seriedad la decisión de Musk, por lo que declaró al respecto el 24 de julio de 2024, que "por eso digo que no es serio, deben de tener ellos otro plan de negocio o ya hicieron el negocio, porque también estas empresas muchas veces no producen, sino especulan La especulación financiera es realmente signo de prosperidad, es una forma de especular y obtener dinero sin producir, lo ideal es que se actúe de manera consecuente".

Finalmente, el pasado 1° de diciembre, Gustavo Petro, primer Presidente de Izquierda en Colombia, denunció mediante un twitt, que "se han organizado para dar el golpe de estado. Lo anunciado se desarrolla. Del pueblo que me eligió dependerá que el designio oligárquico se vuelva realidad o los derrotemos de nuevo. Esta no será una votación parlamentaria de nuestros enemigos para sacarnos. Esto será una lucha popular".

El pronunciamiento vino después de que Consejo Nacional Electoral anunciara que decidió formular cargos por la presunta financiación irregular de su campaña presidencial.

Es decir, al día de hoy, 5 de septiembre de 2024, se encuentran abiertos al menos 5 flancos en toda América Latina, por parte del gobierno de Estados Unidos (o de los intereses oligárquicos, corporativos o trasnacionales) en 5 países con gobierno progresista: México, Venezuela, Honduras, Brasil y Colombia. El cóndor contra América Latina, sin duda.

En los hechos (sobre todo los políticos) no existen las casualidades, sino solo las causalidades. Y si bien es cierto, algunos de los métodos del Plan Cóndor original ya no son utilizados en el Siglo XXI, lo principal, que es el intento de derrocar gobiernos progresistas democráticamente electos, que es la finalidad principal de la aplicación del Plan Cóndor, no ha variado en absoluto, y por el contrario, se han mejorado las tácticas para realizarlo.

Así, vale la pena recapitular que, en el Plan Cóndor original, encontramos hechos tan deleznables como el asesinato de Ernesto "Ché" Guevara en Bolivia en 1967, el golpe de Estado en contra de Salvador Allende en Chile en 1973, o la guerra sucia en países como México o Argentina en la década de los 70's, en el Siglo XXI encontramos desde golpes blandos y duros, en formas distintas:

- Golpe de estado contra Hugo Chávez, Venezuela, 2002;

- Fraude electoral contra Andrés Manuel López Obrador, México, 2006;
- Movimiento separatista contra Evo Morales, Bolivia, 2009;
- Golpe de estado contra Rafael Correa, Ecuador, 2010;
- Golpe de estado contra Manuel Zelaya, Honduras, 2010;
- Fraude electoral contra Andrés Manuel López Obrador, México, 2012;
- Golpe de estado contra Fernando Lugo, Paraguay, 2012;
- Movimientos de desestabilización contra Cristina Fernández, Argentina, 2012;
- Movimientos de desestabilización de Henrique Capriles durante las elecciones presidenciales contra Hugo Chávez, Venezuela, 2012 y 2013;
- Protestas y disturbios de la derecha contra Dilma Rousseff, Brasil, 2013;
- Disturbios encabezados por Leopoldo López tras la muerte de Hugo Chávez, Venezuela, 2014;
- Infiltración de Lenin Moreno en la Revolución Ciudadana, que culminó con su elección como Presidente de la República, y la traición a su antecesor Rafael Correa, al ala progresista de aquel país, Ecuador, 2017;
- Golpe de Estado contra Evo Morales, Bolivia, 2019;
- Golpe de Estado técnico en contra de Nicolás Maduro y autoproclamación de Juan Guaidó como "Presidente Interino", Venezuela, 2019;
- Golpe de Estado contra Pedro Castillo, Perú, 2021;

- Movimientos desestabilizadores contra el gobierno de Andrés Manuel López Obrador, como los supuestos padres de niños con cáncer, los pseudo-ambientalistas contra el Tren Maya, la Ola Rosa, el boicot legislativo de la oposición durante la LXV Legislatura, el embate y boicot de la Suprema Corte de Justicia de la Nación en contra de todas las iniciativas del Presidente aprobadas en el Congreso, la campaña mediática de encuestas fabricadas a favor de la candidata de la derecha Xóchitl Gálvez en la elección presidencial de 2024, el falso debate mediático de la sobrerrepresentación de MORENA en el Congreso de la Unión, y los conflictos por la Reforma Judicial, México, 2018-2024.

Por ello, es importante enumerar algunas de las características que tiene el Plan Cóndor del Siglo XXI:

1. Existe la implementación y ejecución de un plan continental, con tácticas que se repiten de forma sistemática, en contra de los gobiernos de Izquierda formal, legal y legítimamente electos popularmente en América Latina;

2. Existe un financiamiento del gobierno de Estados Unidos, hacia grupos de derecha en los distintos países de América Latina, que, mediante distintas acciones subversivas y desestabilizadoras, violentas o no violentas, con el fin de tomar el poder por la vía legítima, o por vía de la fuerza;

3. Existe la infiltración en, o el control de, instituciones del Estado por parte de la derecha, o incluso del gobierno de Estados Unidos, con el fin de tener maniatados a los poderes legítimos locales. Prueba de ello es el control que el Gobierno de Estados Unidos tenía de la policía en Ecuador en el golpe de Estado de 2010 contra Rafael Correa, o la resistencia frente a la Reforma Judicial de López Obrador en México en 2024.

Es evidente que los hechos no se detendrán por el solo hecho de que este libro se publique. Pero tampoco podemos esperar a la culminación del desarrollo de los acontecimientos. Por lo tanto, este es un corte de caja, y seguramente, en ediciones posteriores, habrá una actualización con base en lo que habrá de pasar en torno al tema.

Lo que sigue es defender, en las calles, en las urnas, y en todas las trincheras, los gobiernos que el Pueblo decidió tener. Por ello, es importante no claudicar, y mucho menos, perder la memoria. El Plan Cóndor no puede ni debe tener éxito, pues de obtenerlo, garantizamos el sometimiento de nuestros Pueblos, y la entrega de nuestros recursos naturales a los poderes hegemónicos mundiales.

Y parafraseando a la última publicación, el triunfo del injerencismo imperialista, es moralmente imposible.

Prohibido olvidar. Venceremos.

Héctor Gabriel Legorreta Cantera
Septiembre 05, 2024.

SOBRE ESTA OBRA

El regreso del Plan Cóndor: crónica del injerencismo imperialista en América Latina durante el siglo XXI se terminó de escribir en Marzo de 2006, en xhglc, Pachuca de Soto, Hidalgo, México.

XHGLC Publicaciones Editoriales le estará agradecida si le da usted su opinión acerca de la obra que le ofrecemos, así como de su presentación e impresión. Le agradeceremos también cualquier otra sugerencia.

libros@xhglc.org.mx

www.ingramcontent.com/pod-product-compliance
Lightning Source LLC
Chambersburg PA
CBHW051611250726
48653CB00004BA/1457